伸びる会社は「これ」をやらない！

安藤広大
株式会社識学 代表取締役社長

すばる舎

はじめに

私はこれまで、「識学」という意識構造学にもとづくコンサルティングを通じて、組織運営に悩む多くの社長や管理者の方々にお会いしてきました。皆さん本気で会社をよくしよう、組織をよくしようと思っている方ばかりです。もちろんそれぞれの社長や管理者の方々も、「よい社長」になろう、「よい上司」になろうと一生懸命に組織運営に取り組んでいる方ばかりです。

そうした多くの社長、管理者の方々のこれまでの組織運営は、なぜかうまくいっていませんでした。一生懸命に取り組むほどに、組織が壊れてしまっていたのです。

それは、なぜか。大きな理由は「間違ったこと」に全力で取り組んでいたからです。よかれと思ってやっていた……、そうした社長や管理者の言動が、組織内に誤解や錯覚を生み、それが原因で多くの問題が発生していたのです。

そこで私は、組織内にある誤解や錯覚の原因を究明し、社長や管理者の方々に正しい組織運営を実践していただきました。

すると、組織は見違えるように変わりました。社長や管理者はもちろん、社員一人ひとりが活き活きと働き、業績がアップしていくようになったのです。

私は、この手法を広めるべく会社をつくりました。私一人では年に20～30社にお伝えするのが限界でしたが、会社をつくって2期目の今期は、１５０社に伝えるまでになりました。１５０社の社長や管理者の方々の悩みが、少なからず解消されたのです。

しかし、それでも１５０社です。この国に数百万社もある会社のなかで、たったの１５０社。そこで、本気で会社をよくしようと思っている、より多くの社長や管理者の方々に、より早く、より確実に組織運営の悩みを解消するきっかけにしていただき、社員が活き活きと働く会社にしていただけたらと思い、本書をまとめました。

本書は、社長や管理者の方々がよかれと思って行っていた言動が、いかに組織にとって悪影響を与えていたか、そして、どのような言動が正しいのかを解説しています。お読みいただく方の常識とはまったく逆のことを述べている部分もあるでしょう。しかし、騙されたと思って一度実行してみてください。少なからず、組織に変化が起こります。

その変化にともない、ストレスや反発が起こることもあるはずです。それでも、社長や管理者の方々は、組織のリーダーとして未来を見据え、本書に述べたことをブレずに続けてみてください。

そうすれば、組織は必ずよい方向に進んでいくことを、約束いたします。

安藤広大

２０１６年12月

伸びる会社は「これ」をやらない！　もくじ

はじめに

Chapter 0
序章
組織は誤解や錯覚に満ちている

組織運営の問題は誤解や錯覚から生まれる……16
社員から好かれたいのなら社長を辞めなさい……20
真のリーダーは未来にコミットする……22

Chapter 1
社長は現場に近すぎてはいけない！
伸びる会社の社長の役割

01 明確なルールをもたずに組織運営することをやめる……28

経験や置かれている環境によって「ルール」は異なる
ルールの答え合わせは莫大なロスタイム
なぜ、リーダーの評価に不満が噴出するのか？

02 社長がみずから現場に入っていくのをやめる …… 36
「自分の時間の使い方」を考えない社長が、会社にロスタイムを発生させる

03 社員一人ひとりの声に耳を傾けることをやめる …… 43
情報収集と決断の区別がつかなくなってしまう
社長が決断から逃げ腰になってしまう「錯覚」を乗り越える

04 社長がトップ営業マンであり続けることをやめる …… 49
社長に求められるのは最も高い営業力ではない
率先垂範という〝ラクな選択〟に流れない

05 社員に愛社精神を期待するのをやめる …… 55
愛社精神を求めることが弊害を生む
愛社精神は会社が成長する過程で確認するもの

06 経営理念を社員全員に理解させるのをやめる …… 59
社長と社員、立場によって見ている景色が違う
理念にもとづいて、各自が意思決定を始めてしまう

Chapter 2

社長は部下の「がんばっている姿」をほめてはいけない！

伸びる会社の評価基準

01 社員のモチベーションに気を配るのをやめる……66
サービスを提供し、対価をもらい、対価で得た利益から給与をいただく
誰から評価を得なければいけない存在かしっかりと認識させる

02 数字・事実で判断できない評価基準を伝えるのをやめる……73
部下に「求めていること」を明確に伝える
評価基準を整理して、評価される側に的確に伝えることが先決

03 がんばっている姿をほめるのをやめる……78
プロセスを評価すると、個人的見解・感情が入ってしまう
結果を評価しなければ、結果的に業績が下がる

04 過程、プロセスを評価することをやめる……83
結果を正しく評価することが、プロセスの評価にもつながる
会社は、プロセスの集合体で評価されるのではない

05 チャレンジする姿勢を評価することをやめる……89
正しい成長と正しくない成長
成長するために必要なことは何か

正しい評価を繰り返してこそ、正しく成長する

Chapter 3

社長は部下から上司の評価を聞いてはいけない！
伸びる会社の組織づくり＆組織運営

01 基本ルールの違反を許容することをやめる…… 96
当たり前のこと＝「姿勢のルール」を守れないことはあり得ない
姿勢のルールが曖昧だと、すべてのルールが曖昧になる

02 社長が直接、社員の相談に乗るのをやめる…… 102
役職者を飛ばした指示は、マネジメントの弊害に
直接コミュニケーションをとり続けたいなら、部下と会社の成長はあきらめる

03 協力、連携という言葉をむやみに使うことをやめる…… 111
社長の「協力」という言葉が、言い訳の多い組織をつくる
社長の「協力」の一言で、組織の責任が重複してしまう
協力・連携させたうえで責任を明確に

04 管理者に他部署の部下の相談に乗ることをやめさせる…… 117
なぜ、複数の上司がいると錯覚してしまうのか

上司が一人であってこそ、すべての優先順位が決まる

05 管理者に部下のモチベーションを上げさせるのをやめる …… 125
モチベーションにこだわると、上司に対する評価者が増える
個々のルールに合わせることで、組織が機能しなくなる

Chapter 4

社長は部下の「やり方」に口を出してはいけない！
伸びる会社のマネジメントルール

01 部下の仕事に細かく口を出すのをやめる …… 132
プロセスを管理してしまうと、部下は考えもしないし失敗もしない
管理すべきことは、経過ではなく結果である
改善する内容も結果で報告させる
会議の場でもプロセスは管理しない

02 部下と時間をかけて議論するのをやめる …… 140
プロセスを管理するのは、時間を奪われるだけ
判断に感情が出てしまうプロセス管理ではなく、事実・結果で管理する

03 社長が会議などで説教するのをやめる …… 146

説教を受けると、「ダメな自分でも存在意義を認めてくれた」と勘違いする
部下は結果でしか会社に貢献できない

04 残業してがんばった仕事を評価するのをやめる…… 152
時間を短縮することは、万国共通の必須テーマ
社長の時間感覚以上に会社の時間感覚は鋭くならない
時間を短縮できれば、たくさん修正できる
スピードを上げれば、格段にミスが少なくなる

05 仕事について社員に熱く語るのをやめる…… 161
感情で動く部下は、感情で動かなくなる
感情によって、事実とマネジメントをゆがめてしまう

Chapter 5

会社に合わせることができない人材を雇い続けてはいけない！

伸びる会社の人材採用&育成

01 本人の意思を尊重することをやめる…… 168
「評価者の求めること」でなければ、評価に値しない
「自分なりによいこと」では、評価が得られない

自己評価する思考を部下にもたせてはいけない
自己評価は「糧を得る力」を萎えさせる

02 すごい経歴の中途採用者の特別扱いをやめる……177
経歴のある中途採用者に求めることと、会社が本来求めることは違う
その社員は評論家のポジションであり続ける

03 新卒社員を温かく見守ることをやめる……184
新卒社員にある二つの誤解
新卒社員の誤解をすみやかに解くのが本当のやさしさ

04 部下を納得させようとするのをやめる……191
人は経験があってこそ変われる存在
上司は部下を迷わせるな！

05 社員にモチベーションを与えようとするのをやめる……196
「モチベーション＝動機づけ」は社長や上司が与えるものではない
「モチベーション＝やる気」だとしても同じこと

Chapter 6

社長は部下と二次会に行ってはいけない！
伸び続ける会社の社長の行動ルール

01 社長が社員と同じ場所で働くのをやめる……202
社員と一緒の場で執務することの三つの弊害
弊害を乗り越え、決定したルールの遂行に徹する

02 社長が部下と飲みに行くのをやめる……206
部下と飲みに行くときは、その部下の直属の上司も一緒に
宴席での距離感が翌日以降の業務にも必ず影響を与える

03 人脈をむやみに広めることをやめる……210
その人脈は相手にとってメリットがあるか
社長として本当の成長をめざす

04 必要以上に勉強して頭でっかちになるのをやめる……214
知っているだけでは、否定する材料にしか使えない
「できる」とは、知識が初めて価値ある状態になったということ

05 社員全員から愛される「よい社長」をやめる……218
社長は、目標を達成しようと思うほど孤独な存在に
会社を成長に導くか、社員を雇うことをやめるか

Chapter 0

序章

組織は誤解や錯覚に満ちている

組織運営の問題は誤解や錯覚から生まれる

私は、これまで「識学」と称する意識構造学を通して、多くの会社の組織運営の問題を解決してきました。識学の観点からとらえると、組織運営がうまくいっていない会社の問題の本質は、「誤解」や「錯覚」にあります。

識学は、組織経営の誤解や錯覚がどのように発生しているか、どのように解決できるかの答えをもっている学問です。組織に発生している誤解や錯覚を、ひも解いて解決していくことで、あらゆる規模・業種の会社で組織が円滑に回るようになり、働く人たちが成長する環境をつくれるのです。

では、会社で発生する誤解や錯覚とはどういうものでしょうか。詳しくは本書を通じて解説していきますが、大きく二つに分けられます。

(1)会社に所属する人の間での誤解や錯覚

それぞれの事実認識にずれが生じることによる誤解や錯覚です。とくに、どちらが正しい、正しくないということではなく、認識に「ずれが生じている」という状況です。

社員A　「これはBさんがやるべき仕事だ」
社員B　「これはAさんがやるべき仕事だ」

どちらが正しいかは判断がつきませんが、これは明らかにずれています。

課長　「この結果は、全然ダメだな」
部下　「こういう結果を求められていたと思っていました」

これも、前提の条件がわからないと、どちらに問題があるかは計りかねます。しかし、明らかにずれています。

社長　「社員のモチベーションが高い会社にしていこう」
社員　「であれば、もっと、飲み会とか旅行とか企画すべきだと思います」
社長　「その前にやることがあるだろう」
社員　「社員のモチベーションを上げたいっておっしゃったじゃないですか」
社長　「仕事を通じてモチベーションを上げようということだ」

社員　「……」

どちらも、悪気はありません。しかし、ずれています。そして、そのずれから双方に不信感が生じています。ほかにも例をあげればキリがないほど、会社内ではずれが多く発生しているのです。

このような「ずれからくる誤解や錯覚」のある状態では、高い集中力とパフォーマンスを発揮することはできません。

(2)「事実のしくみ」に対しての誤解や錯覚

たとえば、これは本章でも紹介させていただく内容ですが、

①お客さまにサービスを提供する
②お客さまから対価をいただく
③会社が社員に給与を支払う

これがビジネスの正しい順番です。この順番が「事実のしくみ」というものです。

しかし、多くの働く人たちは、

①会社が社員に給与を支払う
②お客さまにサービスを提供する

③お客様から対価をいただく

という順番だと誤解をしています。このような認識をもった人が集まる組織だと、「事実のしくみ」とは違いますので、必ずその組織運営は破綻をきたします。

狩猟民族の時代から、①マンモスを狩る、②マンモスを食べるという順番で、「事実のしくみ」は何ら変わっていないのです。マンモスを狩ってもいないのに、食べる人が増え続ける組織は必ず破綻するのです。

しかし、この当たり前の「事実のしくみ」に対する誤解や錯覚もたくさん存在します。この2種類の誤解や錯覚によって、組織運営がうまくいかなくなり、社長や管理者は苦しむことになってしまいます。

しかし、この誤解や錯覚が組織に発生している要因の大半は、社長や管理者の日々の言動にあります。社長や管理者の言動とは無関係に、社会的風潮や世の中の流行によって「事実のしくみ」に対して誤解や錯覚が生じることもありますが、それも社長や管理者が変わることで解消していけます。

本書を通じて、組織内に発生している誤解や錯覚を発見し、それを解消していく方法を少しでもご理解いただければと思います。そして、皆さまの会社で働く方々が、誤解や錯覚によって苦しまずに働き、皆さまの会社が成長されていくキッカケとなれば幸いです。

社員から好かれたいのなら社長を辞めなさい

組織運営に苦慮し、誤解や錯覚を多く発生させている会社の社長には、実は、「一人の人間として社員から好かれたい。人気者でいたい」という特徴があります。

社員から好かれるために、社員の要望にできるだけ耳を傾け、社員が喜ぶようなイベントをたくさん開きます。そして、一人ひとりの社員に寄り添い、それぞれの悩みを社長みずから聞いてあげるのです。

その際の大義名分は、「この対応が会社の成長につながる」ということでしょう。もちろん、「会社の成長につながる」と、本気で思ってやっている社長もいます。

しかし、どこかで、「一人の人間として社員から好かれたい。人気者でいたい」という思いが、みずからの判断を狂わせていないかを振り返ってみていただきたいと思います。

社員から好かれるために、よかれと思って社長がとった行動により、組織内に誤解や錯覚が生まれ、結果的に、社員が苦しむことになっていないか、と振り返っていただきたいのです。

これまでの自分の言動が、社員の誤解や錯覚を生んでいたことに気づくと、社長は言動を改めなければいけなくなります。その言動は、社員から好かれることとは別の方向に行かなければならない場合が大半です。

そのため、社員から好かれることを最優先に考えて組織を運営してきた社長は、

「こんなに厳しくしたら辞めちゃうんじゃないか」

「急激に変わったら、みんなビックリしちゃいそうだ」

と、変わることをこばみます。そのとき私は、

「そんなに社員に好かれたいのであれば、社長を辞めたほうがいいですよ」

と言うようにしています。社長の言動による誤解や錯覚をもったまま仕事に励み、はからずも会社の成長の鈍化に「貢献」してしまっている社員も不幸であり、何より、会社が成長しなければ社長を含めて全員が不幸になるからです。

本書の内容を実行するときには、「これで、いいのだろうか」と、不安感を覚えることが必ずあるでしょう。しかし、何が本当に社員のため、会社成長のためになるかを理解すれば、おのずと行動は決まってくるはずです。

真のリーダーは未来にコミットする

リーダーは、その組織においていちばん高いところに位置しています。社長であれば会社のいちばん高いところに、部長であれば部のいちばん高いところに位置しています。

ということは、リーダーがいちばん遠い距離まで見ることができるのです。見なければいけない立場であるともいえます。

ここでいう距離とは、「時間」のことです。すなわちリーダーは、どのメンバーよりも遠い未来を見る必要があるのです。

たとえば、こんな話をよく聞きます。

「当時は怖くて本当に大嫌いだった厳しい先生に、大人になったいまはとても感謝をしている」

「新入社員時代の上司が、どの上司よりも厳しく、いつも怒られていた。でも、その上司のお陰でいまの自分があると思っている」

これがリーダーのあるべき姿です。いま「よい上司」と思われるのは、部下と同じ高さでしか見られていないということです。

部下は下の階層になればなるほど、現在に近い距離までしか視線が届きません。それは、いちばん低いところにいるからです。だからこそ部下が、

「厳しくてイヤな上司だな」

「なぜ、こんなことをやらされるのか理解できない」

などと思っていようが、部下の成長にコミットし、部下の未来にコミットし、やらせるのが上司の仕事です。

「イヤな顔をされるのが苦手だ」

「気持ちよく働いてほしい」

といった考えを抱くのは、まったく部下の未来にコミットしない「無責任な上司」なのです。

部下の育成だけではなく、会社の意思決定すべてが同様です。リーダーはいちばん高い位置にいるという責任をもって、判断し、意思決定することが求められます。いまは、ど

れだけ無意味に思えるようなことであっても、一時的にメンバーに負担が多くかかることであっても、それがチームの未来にとって最善の選択であると判断したのであれば、責任をもって決断していかなければなりません。

リーダーが部下の未来のために厳しく指導し、リーダーが未来を見据えて決断する。このとき、部下には善し悪しの判断はできません。なぜなら、見えている距離が違うからです。

しかも、リーダーが未来のためにとった行動が、部下の現在の視点から見て評価が低ければ、リーダーは批判されてしまいます。

「もっと、社員思いの社長になりましょう」

「部下のモチベーションを上げるのが上司の仕事です」

そのように言われることもあるでしょう。しかし、そこで屈すると、リーダーは未来に向けての思考を停止してしまいます。いま、社員が気持ちよく働けるように、社員にあまりストレスがかからないような決断をしてしまうのです。

しかし、リーダーが責任をもたなければいけないのは、「部下の未来」と「会社の未来」に対してです。未来のための決断をし続けなければいけません。部下からの評価や社会の風潮を恐れ、未来のための決断から逃げていたリーダーは、今後は屈することなく果敢に挑んでいただきたいと思います。

本書には、皆さまが果敢に挑み、未来にコミットするためのヒントが、多く詰まっているはずです。

Chapter 1

社長は現場に近すぎてはいけない！

伸びる会社の社長の役割

01

明確なルールをもたずに組織運営することをやめる

よくある誤解

ルール、ルールって社員をあまり締めつけるようなことはしたくないんですよね。

ルールを決めちゃうと、自由な発想って生まれにくくなるじゃないですか。

経験や置かれている環境によって「ルール」は異なる

「それぞれが行うことに、上司からの細かい取り決めがない組織運営、できる限りルールがない組織運営だからこそ、それぞれが自発的に動き、目標達成に向けたアイデアを出し合い、それらが融合することで組織は急速に成長していく。そして、一人ひとりは自分の提案したアイデアが形になっていくことにやりがいを感じて生き生きと仕事をする」

それぞれが自発的に動き、目標達成の最短ルートを選択する――それは一見、理想的な組織運営であるように感じます。しかし、結論から述べると、これで正常に組織を運営し続けることは不可能です。組織運営のしくみとして、あり得ないと断言できます。

組織を運営していくうえで忘れてはいけない前提条件は、同一ルール下に身を置かない状況ではコミュニケーションは成立しないということです。ルールとは、組織または個人としての決まり、取り決めのことで、共通の基盤・規範としてのルールもあります。しかし、実際には、それぞれが別々のルールをもっていることが多い、という事実が重要なのです。

同じ会社にいる人でも、それぞれが独自のルールをもっています。それぞれが独自の常識、判断基準、独自の〝普通〟をもっています。これまでの人生経験のなかで、異なる環境に身を置いてきた個人が、それぞれに別のルールをもっているというのは、至極当然のことなのです。

たとえば、新卒入社の社員と中途入社の社員では、個人がもっているルールに違いがあって当然です。中途入社の社員がもつルールには、これまで属してきた会社のルールや、これまでの社会人生活で固まってきた個人のルールが少なからず影響を与えています。一方、新卒社員ではこれらの影響は少ないでしょう。

また、大学時代にいわゆる体育会組織のような規律の厳しい組織にいた人間と、厳しい規律がない組織にいた人間、また、とくにこれといった集団には属していなかった人間では、個々がもつルールに違いがあります。

いま置かれている会社以外の環境によっても、ルールは違ってきます。たとえば、独身でプライベートの時間に制限を設ける必要が少ない人と、結婚して家族のある人では、会社生活における個人がもつルールにも違いが出ることが少なくありません。

人は、これまでの経験や置かれている環境によって、異なる独自のルールをもちます。この前提条件を考えれば、同じ一つの事柄でも、同じ解釈はまずできないのです。無意識に独自のルールによってとらえているので、当然、別々の解釈が生まれます。

偶然、互いに〝近いルール〟をもっている人同士であれば、解釈が合うこともあるでしょう。しかし、すべて合致するということはあり得ません。これまでの人生経験や置かれている環境は、人それぞれ違うからです。

ルールの答え合わせは莫大なロスタイム

解釈がずれた状態でコミュニケーションをとると、莫大なロスタイムが発生します。それぞれのルールの答え合わせに、よけいな時間を費やすのです。

組織で規定されたルールがない事柄に対しては、すべてこの答え合わせの作業が行われます。なぜ、ルールの答え合わせに時間を費やすのか。それぞれのルールという前提条件が合致して、初めてコミュニケーションが成り立つからです。

これは、組織内に限ったことではありません。どのようなシーンでも、双方が認識しているルールに齟齬《そご》がある場合には、コミュニケーションは成立しません。

たとえば、A君とB君が次のような会話をしたとします。

A君「B君は甲子園に行ったことがある？」

B君「行ったことはないよ」

一見、何の問題もない会話のように思えます。しかし、双方の「甲子園に行く」という言葉に対するルールが、次のようにずれていたらどうでしょうか。
A君　甲子園に行く＝阪神甲子園球場に観戦に行く
B君　甲子園に行く＝全国高校野球選手権に出場する
　こうなると、この時点ではコミュニケーションはまだ成立していません。
A君「そうなんだ。野球好きなのに意外だね」
B君「もちろん、試合を観に行ったことはあるよ」
A君「違う、違う。だから、試合を観に行ったことがあるかを聞いたんだよ」
B君「それなら何度もあるよ。一応、僕も甲子園をめざした高校球児だったからね。勘違いをしてしまったよ」
　この時点で、ようやくコミュニケーションが成立しました。
ルールが曖昧な組織では、このようなルールの答え合わせが頻繁に行われています。時間の大半を、これらの答え合わせに割いている組織も少なくないでしょう。
また、この会話ではA君が「野球好きなのに意外だね」という発言をしたから、B君は「阪神甲子園球場に観戦に行く＝甲子園に行く」というA君のルールに気づくことができました。もし、A君の発言がなければ、お互いに誤解をしたまま会話が続いていたかもしれません。

A君が甲子園に観戦に行きたくて、観戦経験者に情報を聞きたかったとしたら、次の経験者を探さないといけません。また、他の誰かからA君が「B君は甲子園に行ったことがある」という話を聞いたら、B君に不信感を抱いてしまうでしょう。

お互いのルールの答え合わせに使う時間、その齟齬から生じる本来必要のない行動に使われる時間、さらに誤解から生まれる不信感を取り除く時間。これらの時間は、組織が目的や目標に近づくためにはまったくのムダです。これらの時間が、共通のルールがなかったりルールが曖昧だったりする組織では「ロスタイム」となるのです。

冒頭で紹介したようなルールなき組織運営という理想を掲げている組織の大半は、このロスタイムによって、組織の成長を大きく遅らせることになるのです。

なぜ、リーダーの評価に不満が噴出するのか？

ルールのない組織では、物事の善し悪しを判断できません。それぞれが独自のルールにもとづいて判断するために、一つの事柄に複数の評価が存在し続けるからです。

たとえば、こんな会話を聞いたことはないでしょうか。

課長「今期の売上目標を達成するために、各自が自由な発想でチャレンジしてくれ」

社員「こんないいアイデアを思いついたので、チャレンジさせてください」
課長「これは俺の長年の経験から、うまくいかない気がするからダメだ」
社員「いや、うまくいくと思います。そもそも自由な発想って言ったじゃないですか。だったら考えるだけムダです」
課長「そう言わないで考えてよ。いいアイデアが生まれるかもしれないじゃないか」
社員「はい……」

この組織では、「誰がどういった基準でアイデアを評価する」というルールが存在していません。そのことにより、上司、部下それぞれが、独自の「ルール」でアイデアを判断し、一つのアイデアに対して正反対の評価を下した状態になっています。自由に自発的に、一人ひとりに考えてもらおうと思って上司は指示を出したはずなのに、結果的に双方に不満や不安が残るという結果になっています。

「誰が、どういった基準によってアイデアを評価する」というルールがなければ、どんなアイデアも考えた人の自己満足に終わってしまいます。その自己評価と周囲の評価にずれが生じたときに、不満や不安が生じてしまいます。

個々がもつアイデアや自由な発想を求める組織においても、やはりルールは必要なのです。自由なアイデア・発想とルールは、決して相反するものではありません。ルールのなかで自由に発想し、アイデアを出していくことが必要なのです。

組織運営においてまず重要なのは、組織の構成員が同一のルールのもとに身を置いていると確実に認識することです。そうでなければコミュニケーションは成立せず、出てきたアイデアの正しい評価もできません。そして、自由な意見が出て、活気に満ちあふれる理想からは遠く離れた、ロスタイムや不安・不満だらけの組織になってしまうのです。

この対応が正しい！

ルールは大切です。ルールがないと何が正しいかが曖昧になり、部下が迷ってしまいます。当社では、ルールをしっかりと明示したうえで、目標達成のアイデアを求めています。

02

社長がみずから現場に入っていくのをやめる

よくある誤解

社長は判断を間違えないためにも、常に現場の人とコミュニケーションをとっておく必要がありますね。

やっぱり、社長である私が判断をしないとね。部下はまだまだセンスがないからな。

「自分の時間の使い方」を考えない社長が、会社にロスタイムを発生させる

「社長が常に現場に下りてコミュニケーションをとる。そうすれば、判断を間違えず、よい判断ができ、問題の発生も未然に防ぐことができて、業務のスピードも上がる」

たしかに一つの事柄だけをとらえると、このように社長が現場に下りたほうがよい成果につながるケースもあります。しかし、組織が継続・拡大していくなかで、ずっと「よい判断ができる」「問題の発生を未然に防ぐことができる」「業務のスピードが上がる」ことが成立し続けるのでしょうか。残念ながら、これはあり得ません。一つひとつ解説していきましょう。

①「社長はよい判断ができる」は成立するか

経験の量、ビジネスセンス、結果に対する執着心など、経営トップである社長は社員を上回っているケースがほとんどでしょう。社長自身もそういう判断のもと、自分自身のほうが常に「よい判断ができる」と信じて、現場の近くにいて、できるだけ多くのことを意思決定できるように直接コミュニケーションをとり、指示を出しています。

しかし、このような社長は一つ大きな見落としをしています。それは「時間」です。

社長には、もちろん多岐にわたる業務があります。資金繰り、トップセールス、各部署の管理……。そうなると、それぞれの業務に頭と身体を割くことができる時間は、各部署の責任者と比較すると圧倒的に少なくなります。同じ一人の人間が割ける「時間」に大きな差がある状態で、少ないほうが常によい判断ができることなど、どれだけ経験や能力に差があったとしてもあり得ません。

多くの時間を割ける人のほうが多くの情報に触れられ、多くの経験ができます。その業務について熟練することもできます。そのため、これまでの経験で上回っている社長が、いつまでもよい判断ができると考えるのは、過信・慢心である場合がほとんどです。

実際、私が見てきた会社でも、このことは証明されてきました。社長が現場まで下りて判断していた内容を、責任者が判断するように変更し、社長はその結果だけを評価するようにしたところ、これまで社長が思いもつかなかったアイデアが生まれ、業績が大幅に改善された例は枚挙に暇がないのです。

②「社長は問題の発生を未然に防ぐことができる」は成立するか

社長はすべての事柄の最終責任を負っています。そのため、社員と比較して問題意識を高くもち、社員の誰よりも問題に早く気づく可能性があることは否定しません。

しかし、ここでも大きな見落としをしている可能性があります。問題は、「点で判断するのと、線で判断するのでは評価が分かれる」ということです。

社長の業務は多岐にわたります。ですから、社長は、起きた事実をもとに判断せざるを得ません。つまり、点で判断するしかありません。

しかし、起きた事実には、当たり前ですが〝事実の前後〟があります。脈絡といってもよいでしょう。前後をもとに事実をとらえないと、問題の本質の判断ができません。社長は各部署で起きている事実を点でとらえ、点をつなぎ合わせて経営判断することが求められます。つまり、正しい判断は点と点をつなぎ合わせた線でのみできるということです。

現場で起きている事柄に対して、多くの社長は線で判断できているでしょうか。多くの場合は、点に対して自分の経験に照らし、想像で線をつくって指示を出します。すると、残念ながら問題の本質をとらえない、ずれた指示になってしまうのです。

「社長は現場をわかっていないのに……。でも、指示されたことはやらないと怒られるから、やるしかないな。失敗するのは確定しているけど」

社長以外の立場の人は、少なからずこれに近い経験をしたことがあるはずです。このような状態を、いまは社長のあなたがつくり出しているのかもしれません。

「いや、私は、現場で起きている事柄も、事実をつなぎ合わせて線で判断をしています」
こう語る社長もいるでしょう。しかし、そういう会社では、次の拡大のために重要な機能（起きている問題を上司に的確に報告する機能）が停止し、その成長が鈍化することになります。

会社が拡大すれば、起きている問題のすべてを社長、管理者がタイムリーに発見することは不可能です。そこで重要になってくるのが、「起きている問題を上司に的確に報告する機能」です。的確な報告をするためにはスキルが必要です。誰もが、初めから報告が的確にできるわけではありません。

社長が現場に下りて問題を未然に防ぐ会社では、「起きている問題を上司に的確に報告する機能」は成長しません。なぜなら、その必要がないからです。そして、この重要な機能が成長しないままに会社が拡大し、この機能が成長していないことが、思わぬ問題を発生させてしまうのです。

③「業務のスピードが上がる」は成立するか

社長が直接指示することで伝達によるロスタイムがなくなり、業務のスピードが上がる。たしかに、一つの業務だけをとらえると、間違いなくスピードは上がります。①、②

のような弊害を考えずにスピードだけを考えると、社長と現場の間の役職者を飛ばしたコミュニケーションも〝あり〟のように思えます。しかし、これも誤解です。スピードの観点だけに視点を置いても、残念ながらマイナスであることが多いのです。

ここでも見落としているのは、「社長が抱える業務は多岐にわたる」ということです。多岐にわたる意思決定を社長は求められます。会社の拡大とともに、会社の機能は増えていき、社長が意思決定しないといけない量も増えていきます。本来、その部署の責任者が意思決定すべき現場の判断まで社長が行うとなると、社長の意思決定量は莫大になります。社員数の増加とともに、こなせない量になってくるのは明らかです。

そして、このような状態になると、別のロスタイムが発生します。「社長の意思決定待ち」のロスタイムです。このロスタイムはバカになりません。社長が右を向いているときは左の業務スピードが鈍化し、左を向いているときは右の業務スピードが鈍化します。いくら、現場でダイレクトに指示し、時間短縮を図ったところで、このスピードの鈍化によるロスタイムと比較すると、結果的に時間が多くかかってしまうのです。本当に業務のスピードが上がるのは、社長が右、左を向かずとも状況を把握できる社員数まで。多くても10～15名くらいが限界です。

このように、社長が現場に近い、近すぎるというのは、組織拡大の大きな弊害になります。現場のありとあらゆる意思決定をいつまでも社長が行う場合は、組織拡大をあきらめなければなりません。

この対応が正しい！

それぞれの責任者が目標達成のために本気で考え、問題があれば的確に報告をする体制を築くのが「社長の仕事」ですよ。すべて自分がやったほうが速いとか、うまくいくというのは、私の過信でしたね。

03

社員一人ひとりの声に耳を傾けることをやめる

よくある誤解

社員一人ひとりの意見に耳を傾ける。トップがこの姿勢を持ち続ければ、社員からどんどん良い意見が上がってくるんですよ。管理者のポストにいる人間にも、部下に対して傾聴することが最も大切だと教えています。

情報収集と決断の区別がつかなくなってしまう

「社員一人ひとりの意見を大切にして、それらをとり入れていけば、皆のやる気も上がって、さらにどんどん意見が出る活発な組織になる」

残念ながら、すべての組織でそうなっているかというと、そうではありません。むしろ、逆の方向に進んでいる組織も少なくありません。

リーダーのいちばん大事な仕事は決断することです。それぞれの役職に対して責任がともない、その責任を果たすために決断することが求められるのです。社長は、社長にしか決めることができないことを決断する立場であり、課長は、課が目標を達成するために与えられた権限のなかで決断することを求められます。

多くの決断をしていくなかで、正しく判断するためには正しい情報が必要です。情報を収集し、自分に課せられた責任を果たすために、与えられた権限のなかで決断していくのです。そこで、自分の立場ではなかなか正確に把握できない「現場で起きていること」の情報収集のため、社長は部下の発言に耳を傾けます。これは正しいことです。

しかし、私が対面してきた会社では、情報収集と決断の区別がつかなくなっている社長や管理者が多く見られました。情報収集のついでに、部下に決断も委ねてしまうのです。

部下は組織の成績に責任をとれない存在ですが、部下がルールを決定してしまうと、責任の所在が曖昧なままで、物事が進行してしまうことになります。

社長が決断から逃げ腰になってしまう「錯覚」を乗り越える

では、リーダーである社長や管理者は、なぜ決断から逃げてしまうのでしょうか。そこには次の三つの大きな錯覚があります。

①リーダーの役割はフォロー、すなわち決めさせることだと錯覚している

たしかに、部下に与えた権限内の事柄であれば、「それは自分で決断しなさい」と伝えることもあるでしょう。それは、正しい判断です。しかし、部下に権限のない範囲、すなわち部下では責任をとることのできない範囲の事柄まで部下に決めさせるのは、ただの責任放棄です。本来みずから決断しなければいけない範囲のことまで丸投げして、

「部下を信頼しているので」

と、格好をつけているリーダーを見かけますが、これは大きな勘違いです。

組織である以上、それぞれが決断できる範囲は決まっています。その範囲がどこかを決断しないリーダーは、責任を放棄しているといっても過言ではありません。

②部下に、リーダーが決定したルールを評価する機能があると錯覚している

組織には、リーダーが決定したルールを部下が評価する機能はありません。なぜなら、ルールを決めるという権限は、責任とセットで与えられるものだからです。社長であれば市場に対して、中間管理職の人であればその上の上司に対して、すなわち「然るべき評価者に対してよい成果を出す」という責任を負っているのです。

その責任を果たすために、リーダーはルールを決定する権限をもっています。自分の実働に対する責任しかもたない部下には、ルールを評価する権限はどう考えてもありません。その代わり、リーダーが決定したルールでうまくいかなければリーダーが責任を負います。

この事実があるにもかかわらず、部下からの評価が怖くてルールを決めることができない社長も多くいます。

「なんか、イヤな顔でもされたらどうしよう」

「すごく文句が出るんですよね……」

私は、そんなことを言っている社長には、いつも、こう伝えます。

「部下にあなたを評価する機能はないですよ。そんなことを言っていて、市場からの評価を失ったら皆も不幸ですよ。皆を成功に導くという強い覚悟をもって、ルールを決めてく

ださい」

③部下や他の人に決断をゆずることで、自分の責任が緩和されると錯覚している

一人ひとりの責任は、その役職に就いた時点で決定しています。誰に決断を委ねようとも、最後はその役職にいる人が結果で判断をされます。役職に求められた結果に対してどうだったか――ただ、それだけで判断されるのです。その判断が誰の意見を尊重した判断なのかは、評価する人にとってはどうでもよいことです。

しかし、自分以外の人に判断・決断してもらえば、自分の責任も少しは緩和される、という勘違いをしてしまうリーダーがいます。

「社員のやりたいという熱意を尊重しました」

「いや、私もどうかと思ったんですけどね」

よく聞く最低の言い訳です。

自分の心理的な責任緩和のために「決めない」という選択をするのは、最もレベルの低い行為です。リーダーが決めなければ、組織全体が迷います。この迷いが、目標達成からどんどん組織を遠ざけることになってしまうのです。

社員の発言にいっさい耳を貸さずに、社長がワンマンで突き進む――これはよいことではありません。自分が把握していない範囲で起きている事実を、見落とす可能性があるからです。それでは、情報が足りていない状況で決断することになってしまいます。

しかし、もっとよくないのは、「社員の発言に耳を傾けすぎて、決めないこと」です。社長が決めないと、組織の動きはたちまち鈍化するということを忘れてはいけません。

この対応が正しい！

社長の最も重要な役割・行為は決断です。ですから、私が決めるべきことは、迅速に責任をもって決断すると心がけています。いちばんダメなのは、私が決めないことで部下が迷うことであると、いつも自分に言い聞かせています。

社長がトップ営業マンであり続けることをやめる

よくある誤解

社長である以上、社員の誰よりも常に営業力を磨いておく必要があるよね。そうじゃないと社員に示しがつかないよ。
「やってみせ、やらせてみせねば人は動かじ」ですよ。率先垂範こそ、マネジメントの肝ですね。

04

社長に求められるのは最も高い営業力ではない

「社長が率先垂範のトップ営業マンでいることで、他の社員の士気も上がり、動きもよくなる。そして、マネジャーがいちばんの営業マンでないと、メンバーから尊敬されず、発言にも説得力がなくなる」

結論から述べると、社長がこの考え方である以上は組織の拡大に必ず限界が訪れます。社長を筆頭としたマネジャーの主な役割は、組織運営です。業績拡大のために組織のルールを決定し、管理していくことを求められているのです。

マネジャーとメンバーでは、組織運営において求められていることが違います。営業力という尺度だけで組織内のポジションの上下が決まっているのではないのです。マネジャーが、マネジャーの位置・役割を維持するために、「常にトップ営業マンでないといけない」と考えると、常にメンバーと同じ土俵で動くことになってしまいます。すると、組織運営上、マネジャーに求められる本来の役割が機能しなくなってしまうのです。

これらのことについて、もう少し詳しく解説していきましょう。

営業力などの実務能力で、組織内でのポジションの上下が決まっているという誤解は、組織運営上、多くの弊害を生みます。もちろん、ほとんどの場合、プレーヤーとしての成績が優秀な人間がマネジャーになります。営業部門では営業成績が優秀な人間、最も営業力が高い人間がマネジャーになることが多いでしょう。

しかし、マネジャーになった瞬間に主な役割が変わります。最も営業力があるからマネジャーを続けていけるわけではありません。マネジャーの役割を与えられているから、マネジャーなのです。

前述のように、マネジャーの主な役割はルールの決定と管理です。それが実行できないのであれば、マネジャーとしては機能していないと認識しなければなりません。個人としてどれほど優秀な営業成績を上げていても、それは同じです。

「どうして僕より営業力の低い、あのマネジャーの指示を聞かないといけないんだ」

このようなメンバーの発言を聞いたことがあるでしょう。しかし、これは「営業力などの実務能力で、組織内のポジションの上下が決まっているという誤解」からの発言です。

このような状態では、組織はうまく機能しません。マネジャーのルールに従わないということは、事実上、組織のルールがメンバーの行動を決定づけていないのです。

このような状態をつくってしまっているのは、社長が発する、

「マネジャーは常に率先垂範で組織を引っ張らないといけない」

というずれた発言が要因であることが多々あります。社長が部課長などのマネジャーに率先垂範を求めるなら、マネジャーの仕事での率先垂範を求めないといけません。それは組織内のルールの決定と管理であり、営業であれば、メンバーでは対応することができない階層に対するトップセールスということになるでしょう。

一人の営業マンとしての率先垂範を求めるのであれば、それはマネジャーに求めることではありませんし、そうした仕事を求める社員をマネジャーに任命してはいけません。

率先垂範という〝ラクな選択〟に流れない

気をつけなければいけないのは、

「マネジャーは率先垂範をしているほうがラクであり、仕事をがんばっているという充実感を得やすい」

という事実です。

先ほども述べたように、多くのマネジャーは、メンバーとして高い成果を上げたからこそマネジャーに昇進します。そのため、メンバーとしての仕事は、どのメンバーよりもできて当然です。営業であれば、一営業マンとしての営業力は誰よりもあることが圧倒的に多いでしょう。そして、営業が得意であり、営業が好きであるために、営業をしている時間がいちばん楽しくてラクなのです。

ところが、マネジャーとなると、メンバーとして動いていたときより運動量は明らかに落ちます。そのため、仕事をがんばっているという充実感を得ることがむずかしくなり、そのうえ、あまり経験のない業務であるために何をしてよいのかわかりません。

このままでは、自分の存在意義がなくなってしまうと思い、得意な営業に身を投じるわけです。主な役割である組織の管理を放棄してでも、身を投じてしまいます。

さらに、その会社の社長が、

「あいつは、いつも率先垂範で営業をしていて素晴らしい」

といった発言をしようものなら、これが正しいことになってしまいます。

しかし、このようなマネジャーのもとでは、残念ながらメンバーは成長しません。メンバーの成長を管理する存在がいないからです。

会社の規模が小さいときは、社長がトップセールスであることは避けられません。会社は存続をしていかなければならず、まずは最も稼ぐことができる人が稼がないといけないのは当然のことです。

しかし、組織の拡大とともに、社長の役割がトップセールスのままであってはいけなくなります。一営業マンとしての充実感を得続けたい、常に営業マンとして競う環境に身を置きたいと思うのであれば、いますぐ社長を辞めたほうがいいでしょう。

この対応が正しい！

私は、営業が会社の存続のために最も重要なものの一つだと考えています。だからといって自分が営業の最前線に出て、実績を上げればよいとは思いません。むしろ、営業マンがより実績を上げるためのルールをつくり、営業力のある人材をより成長させていくことが大切です。

05

社員に愛社精神を期待するのをやめる

よくある誤解

社員が愛社精神をもっている企業は強いよね。全員が会社のために動いてくれるからね。

愛社精神をもってもらうために、うちでは社内行事を充実させるようにしています。

愛社精神を求めることが弊害を生む

「会社は社員に愛してもらえるように、愛社精神をもってもらうために、できる限りのことをする。そして、愛社精神をもってくれた社員は、それに応えて会社のために動いてくれるようになる」

これを本当に実現できている会社があるなら、教えてほしいくらいです。社員に愛社精神を求めると、いろいろな場面で矛盾が生じてくることは間違いありません。

それは、なぜでしょうか。第一に、ごく当たり前の話ですが、愛するかどうかは愛される側ではなく、愛する側が決定します。「愛社精神をもちなさい」と言うのは、「あの子を愛しなさい」と言っているのと同じです。

誰かに愛してもらうには、その人の求めることをしなければいけません。複数の価値観や判断基準をもった社員がいるなかで、全員に同時に会社を愛してもらうなどということは、不可能に近いと考えるべきでしょう。

仮に、それを実現しようと思ったときには、一人ひとりの価値観、判断基準に合わせていかないといけません。それで、本当に組織を運営できるのでしょうか。たちまちルールが崩壊してしまいます。

第二に、社員が会社を評価するようになるという矛盾も生じます。本来、会社と個人は双方が認識するメリットでつながっています。個人は、会社に属していることにメリットを感じているからこそ会社に属し続けていますし、会社は、個人に対してメリットを認識しているからこそ雇用を続けています。

しかし、会社が社員に対して愛社精神をもってもらおうと、会社に属しているメリットをもっと感じてもらう方向に進むと、会社に属しているメリットが拡大したかどうかを社員に確認したくなり、それが、社員が会社を評価する思考をもたせてしまいます。結果、社員は「自分が会社に属すことで感じているメリットと、会社が自分を雇うことで感じているメリットがバランスしなければならない」ということを忘れます。社員は会社を評価するけれど、自分は会社からの評価を獲得しようとしなくなる——という状態です。

第三に、そもそも論となりますが、愛社精神は「会社に対する愛情である」ということです。愛情とは一つの〝情〟です。情が発生するには、一定の期間がどうしても必要です。そして、情の強さは期間の長さに影響を受けます。

いくら好みの人に出会っても、一目惚れで「好き」になることはあっても、いきなり愛情はもてません。つまり、入社したばかりの人に、会社に「愛情をもってくれ」と言っても、もてるはずがないのです。

愛社精神は会社が成長する過程で確認するもの

会社に一定期間所属し、そのなかで会社が成長し、その歴史のなかにみずからの足跡を発見したときに、会社に対する愛情を確認するのです。それが愛社精神というものです。社員に愛社精神をもってほしければ、一緒に会社を成長させ、そのなかで社員一人ひとりにしっかりと責任を与え、厳しく管理し、業績拡大に確実に貢献させてあげるしか方法はないのです。

社長は社員の愛社精神を獲得しにいってはいけません。ルールが崩壊し、社員が会社を評価するようになるからです。同じ目的や目標に向かって、苦楽をともにし、会社の成長の歴史を振り返ったときに、愛社精神は社員の心におのずと発生するものなのです。

この対応が正しい！

社員一人ひとりが「愛社精神」をもつ会社にしていきたい。そのためには、一人ひとりが会社の成長に貢献できたと振り返れる状態をつくることです。それが社長の役割です。

06

経営理念を社員全員に理解させるのをやめる

よくある誤解

当社は理念経営をしています。日々の仕事がどう理念実現につながっているか、一人ひとりの社員にしっかりと説明しています。

社員には全員「経営者の立場に立って考えろ」と伝えています。

そうしたら、おのずと僕に近いレベルでビジョンを理解してくれるはずなので。

社長と社員、立場によって見ている景色が違う

「社長と同じレベルで皆が理念を理解し、それぞれがその理念を基準として、自主的に判断し、自主的に動く。これこそが理想の組織運営である」

本当に、これで組織運営がうまくいっている会社があるのでしょうか。私も、数多くの理念経営を標榜してきた社長と対面してきました。理念を浸透させるための合宿を開いたりしている会社もあれば、理念と日々の仕事がどうつながっているかを説明することに多くの時間を割いている社長もいました。

しかし、結局うまくいかない――。そして、経営側がどんどん疲弊していくことになります。では、なぜ、そんなことになるのでしょう。

答えは、「立場によって見ている景色が違う」ということに尽きます。社長は誰よりも高い位置から、誰よりも遠くを見ています。というより、見なければいけません。それだけ責任がある立場だからです。

ところが、たとえば部下をもたない新入社員は、会社では誰よりも低い位置から、誰よりも手前を見ています。個人の成績という、会社組織における最小の責任の範囲しか担っていないからです。遠くを見る必要がない立場なのです。

会社の企業理念、ビジョンというのは、会社が向かう先を示しています。ということは、誰よりも高い位置にいて、企業理念を発信する立場の社長と、他の社員が同じレベルで企業理念を理解することは不可能ということになります。ましてや、いちばん低い位置にいる新入社員が同じレベルで企業理念を理解するなんて、絶対にあり得ません。むしろ、理解できないものだと理解しておくことが重要です。

理念にもとづいて、各自が意思決定を始めてしまう

理念経営を標榜する会社では、次のような意見が社員からよく聞かれます。

「この毎日の作業が、どのように理念実現に影響を与えているのか理解できない」

「もっと、こうしたほうが理念実現に近づけると思うので、この指示は承知したくありません」

これらは、「自分は理念を理解している。だから、理念にもとづいて自分に与えられた業務をやるかどうかも判断してよい」という誤解から出る発言です。それぞれがピラミッドの頂点にいる感覚で、企業理念にもとづいてルールを自分で決定し、自己解釈し始めます。すると、組織のルールはたちまち破綻するのです。

本来は、いちばん高い位置にいる人が、理念の実現のために次の高さにいる人に対して

目標を設定します。そして、その目標達成のために、その次の高さにいる人に目標を設定します。会社規模が大きくなれば、いちばん低い位置の人の目標が、理念の実現とどうつながっているのかわからない状態になっていることがほとんどでしょう。

しかし、それでいいのです。それぞれが、それぞれの高さで与えられた目標達成に向けて、全力で取り組む。その方法でしか組織が理念の実現に近づくことはできないのです。

ここで、よく受ける質問があります。

「あの〝レンガのたとえ〟はどうなるのですか？　『ただ単にレンガを積み重ねるだけの作業員と、この家の一部をつくっていると教えられた作業員では、作業に対する集中力がまったく違う』という話です」

この話では、理念は「家の完成形」というたとえで使っています。家の完成形である理念の一部にでも貢献できている実感から、ただ単に「レンガを積みなさい」と言われているときより集中力、エネルギーが増すという話です。

これは、正しいでしょう。この会社は理念の実現に近づき、社員はいま自分のやっていることで貢献できている――。その感覚があれば、集中力やエネルギーが増すのは間違いありません。

ただし、ここでお伝えしたいのは、「一つひとつのレンガが家のどの部分になり、完成に対してどれくらい貢献しているということまで説明しなくてよい」ということです。建築物が大きくなるほど、一人ひとりの作業が完成に対してどう貢献しているかはわからなくなります。それを一人ひとりに説明し、一人ひとりが優先順位を決め始めたらどうなるでしょう？　たちまちその作業の効率は落ち、建築物の完成は大きく遅れてしまいます。

リーダーは、「君は目の前の一つひとつの作業を終わらせることに集中してくれ。君の力が完成に最も貢献できるよう指示することに、私は責任をもつ」と伝え、メンバーが判断すべきでないところを判断するような状態をつくってはいけません。

会社経営も同じです。社長は、

「一人ひとりに与えられた目標を確実に達成してくれ。いまの立場では、それが本当に理念の実現に貢献できているのか理解できないかもしれない。でも、君たちが一つひとつの目標を達成してくれれば、私が責任をもって理念の実現に近づける」

という姿勢でいなければいけません。

この対応が正しい！

企業理念をつくった者として、しっかりと向かう先を示し、そこに導くことが社長の仕事です。それぞれの社員には、個々の目標を達成することに全力で取り組んでもらいます。社員に対して、企業理念を基準に、自主的判断をすることは求めません。それは、社長である私の責任放棄だからです。

Chapter 2

社長は部下の「がんばっている姿」をほめてはいけない！

伸びる会社の評価基準

01

社員のモチベーションに気を配るのをやめる

よくある誤解

社員のモチベーションを上げることを第一に考えています。そうすれば、皆生き生きと働いて、高い成果を残してくれますから。

社員のモチベーションを上げるために、なんでもやります。モチベーションを上げるのが、社長の最大の仕事ですよ。

サービスを提供し、対価をもらい、対価で得た利益から給与をいただく

「社員が高いモチベーションで仕事をしてくれれば、個人の能力が最大限発揮され、会社全体も大きな成果を出すことができる。だから、社長は社員のモチベーションが上がることを考え、取り組むことを最優先にすべきだ」

この章では、巷間よく聞かれるこのモチベーションという言葉が、いかに組織や個人の成長の妨げになっているかを、あらゆる角度から説明していきます。

まず、このような考え方で経営している社長がいたら、「いますぐラクになってください」と伝えます。多くの社長が社員のモチベーションアップのために取り組んでいることは、ムダであるばかりか、組織運営にマイナスの効果をもたらしているからです。

そして、社員のために、会社の拡大のために、社長は全力で取り組んでいるにもかかわらず、まったく成果につながらず、「どうして、こんなに社員のモチベーションのためにがんばっているのに、うまくいかないんだ」と社長を苦しめることになっているのです。

なぜでしょうか。

会社で実行することの順番は、当たり前ですが、

①お客さまにサービスを提供する

②お客さまから対価をいただく
③会社が給与を支払う

となります。社員の立場からすると、お客さまにサービスを提供し、お客さまから対価をいただき、その対価で得た利益から自分の貢献に対して給与をいただくというのが正しい順番です。

ところが、すべての働く人たちがこの順番を正しく理解しているでしょうか。冷静に考えれば、間違えることはないかもしれません。しかし、多くの働く人たちは、日常では勘違いをしながらすごしているのが実情かもしれません。次のように認識している人が多いのです。

①会社が給与を支払う
②お客さまにサービスを提供する
③お客さまから対価をいただく

給料を得るからがんばってお客さまにサービスを提供する。そして、お客さまから対価をいただくという順番です。

たとえば、私が新卒入社で入った会社は割と大きな会社でしたから、初任給は新人研修を受けただけで4月20日にいただけるのです。そのせいもあってか、私もご多分に漏れずこの順番を勘違いしていました。

このような勘違いをしていると、「何かを得ることができるから働く」という思考になるため、「がんばるには理由が必要である」という誤解が生じます。「モチベーションが上がるから、がんばる」ということになり、「モチベーションが上がらないから、がんばらない」も成立してしまいます。

また、昨今、部下がやる気を失っているときは、「管理者側からモチベーションを上げてあげないといけない」と教わっていますから、社長や上司はモチベーションを上げるために必死で部下に接します。

すると、「モチベーションが上がらなければ、がんばらなくてよい」という部下の誤解はどんどん増幅されてしまいます。

「上司の○○さんの言い方がきつくて、モチベーションが下がっちゃいました」

「社員同士で懇親する機会が少ないので、モチベーションが上がりません」

このような発言が部下から出たときに、何かしらの対応をしてしまう社長は少なくないでしょう。しかし、よかれと思って対応したときに、部下の誤解はさらに拡大してしまうのです。

誰から評価を得なければいけない存在かしっかりと認識させる

このような状態でも、会社の業績が右肩上がりであれば、組織運営が成立する場合があります。厳密には、「成立しているように見える場合がある」です。

多少のムダがあってもなんとかなる状況であれば、問題なく組織運営ができているように見えることがあります。ベンチャー企業で、プロダクトやサービスが大ヒットして、しばらくの間、高収益が見込める会社などが該当します。

しかし、このような会社でも、いったん業績が停滞すれば、必ずムリが生じて、これまでの組織運営は破綻します。理由は簡単です。

①お客さまにサービスを提供する
②お客さまから対価をいただく
③会社が給与を支払う

という順番を正しく理解できていないからです。

お客さまにサービスを提供し、お客さまから対価をいただき、その対価で得た利益から、それぞれの貢献に対して会社は給与を支払う。お客さまからの対価に余裕があるうちは、貢献以上の給与を支払っていても問題ありません。

しかし、いったん業績が低迷すると、そういうわけにはいきません。モチベーションとか言っている場合ではなく、みずからの対価に見合った貢献をしてもらわないと、会社に居続けてもらうことはむずかしくなります。

ところが、このような状態であっても、社員は「モチベーションが上がらないからがんばれない」と誤解してしまうのです。そして、「なぜ、モチベーション上げてくれないのに、会社はストレスばっかりかけてくるんだ」と、会社に不満をもつようになり、ますます動かなくなります。

ここで、社長はどうするのでしょう。多くの場合、さらにモチベーションを与えようとします。社長は「モチベーションを上げることができなかった私が悪い」と反省するのです。これこそが、モチベーションを大切にする社長が苦しむしくみです。

この項でお伝えしたいのは、「部下のモチベーションを気にするのは時間のムダであるばかりか、マイナスの要素まである」ということです。

では、どうすればよいのか。やるべきことはそんなに複雑ではありません。まずは、部下に「自分は誰から評価を得なければいけない存在か」を正しく認識させ、「評価を得るには何をいつまでにやらないといけないか」というルールを明確に認識させることです。

部下がいま置かれている状況を正しく認識させるだけです。
ここで、重要になってくるのが「評価」です。モチベーションで部下を動かすのではなく、評価で部下を正しい方向に導くことを上司は求められます。

この対応が正しい！

部下には「自分が何をしなければいけない存在で、どうすれば評価を上げることができるのか、それだけを考えて仕事に取り組みなさい」と伝えています。会社からモチベーションを上げてもらえないと、がんばれない人はプロじゃないので、うちの会社には必要ないとも伝えています。

02

数字・事実で判断できない評価基準を伝えるのをやめる

よくある誤解

うちの会社によい見本がいるじゃないか。○○君みたいな統率力のあるマネジャーに育ってくれ。

今期、君に求めることは営業力のアップです。営業力がアップしたかどうかで評価するので、そのつもりでいなさい。

部下に「求めていること」を明確に伝える

前ページの「よくある誤解」のようなことを言われた部下は、どのように思うでしょうか。

「よし、○○さんみたいなマネジャーになれるように明日からがんばろう」

「営業力アップのために、いろいろとチャレンジしていこう」

と思う人もいます。しかし、ほとんどの人がそうはならない可能性が高いはずです。

なぜでしょう。明日から何に取り組めばよいか、どう動けばよいかのイメージがまったく湧かないからです。さらに、その根本の理由としては、求められていることのゴールが明確にイメージできない、ということがあります。ゴールが曖昧であるために、最初の一歩を踏み出す、その一歩が何かすらも曖昧になるという状態です。

評価を進めるうえで最も大切なのは、「上司が部下に対して何を求めているかを明確に伝えること」です。評価とは「求めている事柄に対する到達度を評価する」ものなので、「何を求めているか」が伝わっていない状況では、評価を始めることができません。

では、「何を求めているかが明確に伝わっている」とは、どのような状況をさすのでしょうか。それは、「上司と部下で、１００点満点の状態に対する認識が一致している」という状態です。つまり、結果が出て、部下が「できた」と認識しているときに、上司のほうでは「できていない」と判断するような状態にならないということです。

この正しい評価をするうえで最も大切で、最も初歩的なことが、ほとんどの会社でできていません。初めから完璧にできている会社は、皆無といってもよいでしょう。

多くの会社では、冒頭のような発言が、評価の面談時にも聞かれるような状態です。これでは、正しく評価することができません。評価することができないばかりか、部下は求められていることを誤解し、間違った方向に行動する可能性が高くなります。

それは、部下にムダ働きをさせてしまう可能性があるということです。そのことを認識して、必ず明確に「何を求めているか」を伝えなければいけません。

評価基準を整理して、評価される側に的確に伝えることが先決

多くの社長から、「当社は管理者の育成が最大の課題だ」という話を聞いてきました。この話が出ると、私はいつも次のような質問をします。

「では、管理者が育ったとはどのような状態ですか？　管理者がどのようになったら、社長は、よい管理者になったと判断されるのですか」

すると社長からは、

「いやー、それは、部下をしっかり引っ張ってですね。マネジメント能力があってですね」

などと、かなり曖昧な答えが返ってきます。そこで、

「その『管理者が育った』という状態ですが、それに関する御社の管理者と社長の認識は合致していますかね？」

こう聞くと、だいたい考え込んでしまいます。そして一言、

「おそらく、まったく合致していませんね」

といった言葉が返ってきます。どのような状態になれば、管理者が育成できたといえるかも決めていないのに、管理者が育成できることは残念ながらありません。ゴールを決めていないと、社長のとても感覚的な判断になり、どれくらい社長の求める姿に近づいているかを管理者が認識できません。

評価する際に大切なことは、何を基準に評価するのかを、評価する側が事前にしっかりと整理しておくことです。

「与えた役職に対して、この期間、どういうことを求めるか」

「どういうことができるようになれば、管理者として育ったとするのか」
こうした基準が社長にも定まっておらず、感覚的・感情的な評価になっていないかをまず見直していただきたいと思います。
次に大切なのは、「上司が何を求めているか」を、評価される側にも明確に伝えることです。明確に伝わっているというのは、前述のとおり「上司と部下で、100点満点の状態に対する認識が一致している」ということです。ここまでの行程がしっかりとできて、ようやく、評価を機能させる基礎がしっかりとでき上がったといえます。

この対応が正しい！

評価で大切にしているのは、評価者が求める到達点をはっきりと定義することと、評価される人に対しても、それを明確に伝えることです。この当たり前のことができなければ、そこからすべてがずれてしまうと肝に命じています。

03

がんばっている姿をほめるのをやめる

よくある誤解

部下ががんばっている姿を見たら、できるだけほめるようにしています。ほめると、皆がんばりますからね。

どれだけ一生懸命、どれだけ情熱的に仕事をしているかを評価してあげないとね。結果はあとからついてくるから。

プロセスを評価すると、個人的見解・感情が入ってしまう

「どれだけがんばっているかのプロセスもほめてあげる。そうすれば、社員はがんばってくれる。そして、皆ががんばれば、おのずと結果はついてくるから、業績もアップする」果たして本当にそうでしょうか。本当に「プロセスを評価する」ことで、よい結果につながるのでしょうか。これも、残念ながら多くの場合はうまく機能しません。

そもそも、評価される「プロセス」とは何のことでしょうか。ここで言う「プロセス」とは、たとえば次のようなことです。

「誰よりもがんばって取り組んでいる」
「積極的に情報収集、勉強をしている」
「部下とコミュニケーションの機会を多くもつようにしている」

事実というよりは、それぞれの感覚でとらえた内容で、基準が曖昧であり、数値もしくは○、×での評価ができない、何かしらの結果が出るまでの過程を「プロセス」と定義することにします。

こうしたプロセスを評価する「プロセス評価」には、どうしても個人的見解が入ってし

まうという弱点があります。そして、評価する側・評価される側に感情が入ってしまい、正しく評価できないという弱点もあります。

たとえば、同じ営業で同じ等級の次のような部下二人を、あなたならどのように評価するでしょうか。

Aさん：毎日遅くまで資料を作成して、いつも積極的に営業方法などを質問してきます。受注が決まれば、うれしそうにいつも報告をしてきます。本当に一生懸命やっているという感じです。半期の月売上平均は100万円です。

B　君：だいたい定時に退社します。上司であるあなたから、営業方法などを積極的に吸収しようとする姿勢もとくにありません。受注が決まっても、いつも淡々と報告をしてきます。半期の月売上平均は120万円です。

営業に求める結果が売上であるという前提でいうと、当然、B君のほうに高い評価を与えるべきでしょう。

しかし、「プロセス評価」を重視する会社においては、Aさんのほうが高い評価を得ることも少なくありません。上司の認識できる範囲でがんばっている姿を、上司の個人的見解で感情的に評価した結果、Aさんのほうに高い評価を与えることになるのです。

ひょっとしたら、B君は、定時に帰宅したあとに人知れず営業のロールプレイングをしていたかもしれません。営業のチャンスを増やそうと、友人知人に自社の商品をアピールする機会をもっていたかもしれません。隣で営業している先輩の電話でのトークを、必死でメモして覚えていたかもしれません。

ただ、それが上司の認識できる範囲になかったというだけで、営業成績では優っているはずのAさんよりも、低い評価を受けることになってしまうのです。

結果を評価しなければ、結果的に業績が下がる

このような評価がなされると、評価される側はこんな考え方をするようになります。

「よいプロセスを見せればいいんだ」

よい結果を出すことよりも、よいプロセスを見せることを重視してしまいます。本来、「求められている結果」をみずから出さなければいけない立場であるにもかかわらず、よいプロセスを見せていればよいと勘違いをしてしまうのです。その結果、本来あるべき「結果を追い求める存在」の人がいなくなり、業績が下がるということになるのです。

やはり、評価すべきは、プロセスではなく結果でなければいけません。結果という無機質な事実でしか、正しい評価はできません。「プロセス評価」では正しい評価ができないどころか、部下はよいプロセスを見せることに腐心するようになり、誰も結果を真剣に追

い求めなくなります。
がんばっている姿を評価するのは、「目標１２０パーセント達成おめでとう。よくがんばったな」など、よい結果が出たときだけにしましょう。

この対応が正しい！

安易にプロセスをほめないことを常に意識しています。部下が「それでいいんだ」と勘違いしてしまいますから。プロセスをほめることが、結果的に部下の成長を阻んでいたと気づいたのです。評価は絶対に結果でしかしません。

04

過程、プロセスを評価することをやめる

よくある誤解

結果だけの評価になると、がんばりとかを評価できないじゃないですか。外部環境を含めて平等な評価をするために、プロセスも見るようにしています。

結果だけを追求しちゃうと、なんか殺伐とした会社になっちゃいますよね。うちはプロセス重視ですよ。

結果を正しく評価することが、プロセスの評価にもつながる

「結果だけを評価してしまうと、外部環境などの要因を含まない不平等な評価となってしまう。そのあたりも吟味して平等な評価をしてあげることが、部下がやる気を失わないために大切である」

これは完全に間違いです。結果で評価するからこそ平等に評価できるのです。前項のようにプロセスを評価し始めると、そこには個人的見解や感情が入ってきて、平等性を担保することはむずかしくなります。

結果で評価するから、「この外部環境で80％達成までもってきた」という結果を正しく評価できるのです。プロセス評価をしてしまうと、「この外部環境のなか、よくがんばっていたね」ということになり、前項で紹介したとおり、「上司の認識できる範囲」での感覚的、感情的な評価しかできません。

ここでいま一度、プロセス評価の定義を明確にします。

「事実というよりは、それぞれがもつ感覚でとらえた内容で、基準が曖昧であり、数値も

しくは○、×での評価ができない、何かしらの結果が出るまでの過程での評価」

つまり、次のような内容はプロセス評価ではなく、結果評価といえます。

「電話の回数が先週は日平均１００件だったのが、90件に減少した」

「先月が30件訪問だったのが、45件訪問に上がった」

「この四半期での新規顧客獲得が5件だった」

これらの事柄を評価することはプロセス評価ではなく、結果評価です。すべて、数値もしくは○、×で評価することが可能です。評価項目が、

・電話回数１００件
・月訪問数45件
・新規顧客獲得5件

を基準に評価することになっていれば、誰が見ても明確な、結果という事実による評価が可能です。

一方、これをプロセス評価にすると、次のような項目になります。

・率先して電話営業をしていたか？
・積極的に顧客訪問を増やそうと努力していたか？
・新規顧客数拡大に向けてがんばったか？

これでは、どうしても上司の感覚的、感情的な評価となってしまうのです。

部下のがんばっている姿や積極的に取り組む姿勢を評価したい気持ちはよくわかります。しかしそこで、社長・上司の認識できる範囲で感覚的、感情的な評価を下してしまうと、平等な評価にはなりません。それが組織の成長を妨げる要因ともなるのです。

がんばっている姿を評価したければ、がんばっている姿を「結果」で表現しましょう。

営業であれば、誰よりも多く電話をかけ、誰よりも多くのお客さまを訪問している姿を「がんばっている」と認識しているはずです。それを評価したいのであれば、「電話件数○○件」「顧客訪問数○○件」を評価項目に追加し、その数値を基準にがんばっている姿を評価するのです。

会社は、プロセスの集合体で評価されるのではない

プロセスを評価することには、もう一つ大きな問題があります。「会社が市場で出す結果は、社員一人ひとりの結果の集合体である」ということです。

市場は会社のプロセスを評価してくれるでしょうか。社運をかけて、数年かけてつくった商品を市場に出したとき、それまでの会社の努力、プロセスを考慮して、市場は評価を

してくれるでしょうか。

もっと身近な例では、たとえば、近隣のラーメン店の店主が半年ほぼ寝ずにつくり上げた新商品があり、その開発ストーリーについてもあなたが知っているとします。あなたは、そのラーメンがまずくても、プロセスを評価して何度もお店に通うでしょうか。

市場は、会社を結果でしか評価しないのです。皆さんも消費者という評価者の立場に身を置いたときには、冷徹に結果で評価しているはずです。

「市場は会社を結果でのみ評価する」

「会社の結果は、一人ひとりの社員の結果の集合体である」

この二つの事実からも、社員の評価をプロセスでの評価ではなく、結果での評価にしないといけないことは明らかです。


平等に評価するためにも、必ず結果で評価するようにしましょう。途中の〝がんばり〟に必要性を感じたり、評価したりしたければ、それも結果に変換して評価するようにします。感覚的、感情的なプロセス評価になってしまっては、絶対にいけません。

会社は市場でよい結果を出すことを常に求められています。常に市場から結果で評価されています。競争に打ち勝とうと思ったなら、社員一人ひとりにも結果を求めないといけません。
よいプロセスという曖昧なものの積み上げは、全体のよい結果につながりません。一人ひとりのよい結果の積み上げのみが、全体のよい結果につながるのです。

この対応が正しい！

評価すべきは結果です。結果でしか評価しないから、平等な評価ができます。一人ひとりが求められている以上の結果を出し、それを積み上げること。それが、会社が市場から求められる結果を出し、競争に打ち勝つ唯一の方法です。

チャレンジする姿勢を評価することをやめる

部下には常に成長を求めています。成長するにはチャレンジです。とにかく、いろんなことにチャレンジする姿勢を評価しています。

よくある誤解

部下を成長させるにはまず環境です。上司があれこれ口を出してはいけません。部下が伸び伸びと挑戦できる環境をつくるのが私の仕事です。

05

正しい成長と正しくない成長

「部下がチャレンジできる環境を用意し、チャレンジスピリッツを植えつける。そして、部下が新たなことにチャレンジすれば部下は成長する。そして、一人ひとりの部下が成長すれば、会社が拡大する」

これは決して間違ってはいません。成長するには新たなチャレンジが必要です。しかし、新たなことにチャレンジするだけでは成長できません。いや、正しい方向への成長ができないのです。

ここで「正しい成長」の定義を明確にしておきましょう。正しい成長とは、生産性が高まる方向での成長のことです。生産性が高いかどうかは、社員であれば上司が判断し、社長であれば市場が判断します。

会社から求められる方向、会社にとって貢献度が増す方向で成長することを、正しい成長と定義します。多くの社長、管理者が求める成長です。

一方、「正しくない成長」もあります。正しくない成長とは、生産性が低くなる方向での成長です。たとえば、「言い訳がうまくなる」とか「がんばっている姿の見せ方がうまくなる」などの成長です。

そして、部下を正しい成長に導くうえで、最も重要になってくるのが評価です。評価は、部下の成長のためにあるといっても過言ではないでしょう。

成長するために必要なことは何か

成長とは、「できないことができるようになる」ことです。そして、成長するためには、

①できないことが何かを認識すること
②認識した「できないこと」ができるようになること

この二つが必要になります。できないことを認識させるのも評価の重要な機能ですし、できたことを確認するのも評価がもつ重要な機能です。つまり、評価というのは、部下の成長を管理する機能そのものなのです。

では、できないことを認識させるうえで重要なことは何でしょうか。それは「上司と部下で、100点満点の状態に対する認識が一致している」ことと、「感覚や感情ではなく、結果という事実で評価する」ことです。

評価される項目が結果で設定されていて、100点満点の状態に対する認識が一致していれば、結果が出た際に何ができないか、何が不足をしているかが明確になります。そうなれば、不足を認識したうえで、次の結果を設定して進み出せばいいのです。

しかし、100点満点の状態に対する認識が一致していなければ、何ができないかも部下は認識できません。人は、100点満点の状態を認識して、初めて何が足りないかを認識するのです。

たとえば、日本人は靴やズボンを履き、服を着て町を歩きます。この状態が100点満点だと認識しているから、ズボンを履いていない場合に不足を認識できます。もし、100点満点の認識がなければ、暑い日にズボンを履いていない人を見ても、何も感じないでしょう。

また、プロセスで評価をするとどうなるでしょうか。そもそも、プロセス評価で100点満点の状態に対する認識が一致することはないので、プロセス評価という感覚的、感情的な評価になると、評価される側が正確に自分の不足を認識できません。

正しい評価を繰り返してこそ、正しく成長する

できないこと＝不足が明確になれば、次は、その認識した「できないこと」ができるようになるために行動しなければなりません。このとき重要なことは何でしょうか。

それは、上司が「正しい評価を繰り返すこと」に尽きます。

正しい評価を実行し、部下に不足を認識させ、その不足を埋めるべく新たに求める結果

を設定する。これを繰り返すことによって、できないことが減少していきます。
そして、同じく「できたこと」を上司はしっかりと評価して伝えます。この過程を経ることによってのみ、成長が実現します。
正しい成長には、正しい評価が必要です。正しい評価がない状態のままで、どれだけ多くのことにチャレンジさせたとしても、正しく成長するとは限りません。社長や管理者が部下を成長させるということは、「部下を正しく評価し続ける」と同義であるといっても過言ではありません。

この対応が正しい！

部下を成長させるためには、評価を繰り返すことがいちばん大切だと思っています。そして、評価するうえで大切なのは、事実をしっかりと見極めて評価すること。感覚的、感情的な評価は部下の成長を妨げます。

Chapter 3

社長は部下から上司の評価を聞いてはいけない！

伸びる会社の組織づくり＆組織運営

01

基本ルールの違反を許容することをやめる

よくある誤解

営業成績がいい人間には気持ちよく働いて欲しいから、あまり細かいことを言わないようにしています。辞められても困りますからね。

うちの○○は本当に能力の高いエンジニアです。彼だけは、遅刻しても何も言われない暗黙の了解みたいなのがありますね。

当たり前のこと＝「姿勢のルール」を守れないことはあり得ない

「個人の職務能力が高い人間には、組織で決まっている誰でもできるような当たり前のルールについては、あまり細かく管理をしない。そこでストレスを与えないようにして、本業でしっかりと力を発揮してくれればそれでよし」

これは、組織を運営していくうえで最もやってはいけないことです。なぜなら、弊害があまりにも多すぎるからです。どういう弊害が起きるのか、一つずつ解説していきます。

まず、「当たり前のこと」に対して、定義と呼び方を合わせたいと思います。組織を運営していくなかでの「当たり前のこと」を、私は「姿勢のルール」と呼んでいます。姿勢のルールとは、「できる・できないが存在しない、やろうと思えば誰でもできるルール」のことです。これを言い換えると、「姿勢のルールが守れない人は、評価対象にすらしてはいけない」ということになります。

姿勢のルールとは、たとえば、

「来客者とすれ違ったときは、相手に聞こえる声で『いらっしゃいませ』と言いましょう」

「会議のスタート3分前には、必ず会議室に入室しておくようにしましょう」

「帰社時には、机の上に書類がない状態にしておきましょう」などのルールです。「できる・できないが存在しない、やろうと思えば誰でもできるルール」は、組織のメンバーである以上は必ず守らなければいけないこと。その組織のメンバーであり続けるための必要最低条件で、国でいうところの法律と同じ扱いです。

姿勢のルールを守らない人は、その組織のメンバーとして、その時点で失格です。法律違反をしているわけですから、問答無用でメンバーとしての資格はありません。

同時に、姿勢のルールを守らせることができないマネジャーも、マネジャー失格です。「できる・できないが存在しない、やろうと思えば誰でもできるルール」だからです。

姿勢のルールを部下に守らせることができないマネジャーは、姿勢のルールとそれ以外のルールを同様に扱ってしまっていることが多々あります。たとえば、「営業トークはこうしよう」「アポイントは一日何件以上獲得しよう」といったルールと、姿勢のルールを混同しているのです。

これらのルールは、もちろんしっかりと守られていることが望ましいのですが、メンバーの経験やスキル、顧客の状態によっては守れない場合も出てきます。その場合には「次、どうするのか」をしっかりと決め、新たなルールを設定すればよいでしょう。

しかし、姿勢のルールは違います。「できる・できないが存在しない、やろうと思えば誰でもできるルール」ですから、守れないことがあり得ません。守れないことがあり得ないのに、その他のルールと混同してしまっているマネジャーは、「次、どうするのか」を話したり、「いろんな人がいるから」と目をつぶったりするのです。

姿勢のルールは、スキルも経験もまったく関係ありません。何があっても、絶対に守らせないといけないのです。

姿勢のルールが曖昧だと、すべてのルールが曖昧になる

なぜ、ここまで姿勢のルールにこだわるのか。それは、文字どおり、すべての業務に対するメンバーの姿勢を表しているからです。マネジャーが発するすべての指示に対して、メンバーがどのような姿勢で取り組んでいるのかを表しているからです。

姿勢のルールを守らないことがあるメンバーは、その他のルール、マネジャーの業務上の指示に対しても不完全な姿勢で取り組んでいることになります。つまり、そうしたメンバーがいる組織では、メンバー全員が全力で業務に取り組んでいないことになるのです。

また、姿勢のルールはその組織の法律です。「法律を守っている」ということは、「その組織の一員である」ということと同義です。つまり、姿勢のルールを強化し、全員がそれを守っている状態をつくるということは、それぞれのメンバーがその組織の一員であると

いう意識を強めることにつながります。

姿勢のルールを正しく運用できている組織において、ルールを守ることができない人は、例外なくそのコミュニティに属し続けることはできません。それは、どんなに営業力の高い営業マンであっても、能力の高いエンジニアであっても同じです。

姿勢のルールを守らないという特例を一つでも許すと、他のメンバーに対する調整が発生することを忘れてはいけません。なぜ特例が許されるのかを説明する時間のみならず、特例を許されている状況に疑念を感じて、行動が鈍くなる時間などを含めると、多くのロスタイムが発生するのです。

また、特例があり得る時点で、ルールを遵守する感覚が曖昧になります。その感覚はすべてのルールに影響します。そして、組織のすべてのルールが機能しなくなるのです。

ただし、特例を許してもよい場合が一つだけあります。それは、これらすべてのマイナス要因を加味しても、それでも特例を許すメリットが大きいと判断したときです。しかし、特例を許し続けるメリットのほうが大きいことは、ほぼあり得ません。

私は多くの会社で、特例を許さず姿勢のルールを守らせることを徹底するよう伝えてきました。なかには、特例を受けていた古参の社員が辞めていくこともありました。営業数字がよい社員が辞めた例もありました。
しかし、そのことによるマイナスの影響が継続した会社はありません。特例がなくなった会社では、ルールがルールとしてしっかり機能するようになります。そのことにより業績拡大が進んだ例は、枚挙に暇がありません。
まず、姿勢のルールを明確に決めましょう。そして、責任をもってメンバー一人ひとりに守らせましょう。特例を許さず、姿勢のルールを徹底することが、組織づくりの基礎となるのです。

この対応が正しい！

部下には、「当たり前のことができない人は、組織の一員として認めない」と言っています。どれほど優秀な人間でも例外はありません。絶対に守らせるために、「当たり前」の基準の認識がずれないよう、明確なルールとして設定することを心がけています。

02

社長が直接、社員の相談に乗るのをやめる

よくある誤解

時間がとれるときはできるだけ多くの社員に直接指導するようにしています。マネジャーを通してだと、どうしても伝わらないことがあるので。

何か困ったことがあれば、「いつでも直接相談しにきなさい」と社員には言ってます。これによって、上司はしっかりしないといけないという牽制にもなっていますね。

役職者を飛ばした指示は、マネジメントの弊害に

「できるだけ多くの社員に直接指導することで社長の考えが伝わり、会社の成長も早くなる。また、中間管理職も完璧ではないので、社長へ直接報告できるルートをしっかりと確保しておくことで、問題にも早く気づき、部下の不満解消にもつながる」

社長がいつまでもこんな考え方だと、会社の成長にもすぐに限界がくることは間違いありません。間の役職者を飛ばして直接、部下と仕事の話をするというのは、組織運営で最もやってはいけないことの一つだからです。

社長が部下と直接、仕事の話をすると、たくさんのマイナスが組織に発生します。ここでは、間の役職者を飛ばすマネジメントによって起きる弊害を、四つに分けて解説します。

①役職者が無責任になり、役職者が成長しない悪循環に陥る

社長が、役職者を飛ばして部下に直接指示することが常態化してくると、飛ばされている管理者は、社長の指示に対する責任感が欠落していってしまいます。「社長が直接指示しているのだから、失敗しても自分には責任がない」という感覚になるのです。

しかし、実際にはそれぞれの役職に対する責任があるため、部下がよい成果を出せなかったときには、その役職者は評価を下げることになります。すると、自分で責任を感じていないことで評価を下げることになり、不満が生まれるという悪循環に陥ります。

また、本来の上司としての機能を社長が代わりに実行することになり、役職者がみずから実行することで経験できた失敗や、失敗からいかに成功に導くかという過程を経験できず、上司としての機能がいつまでも成長しません。

「なかなか役職者が成長しないから、直接やっちゃうしかないんだよね」

といった社長の発言をよく聞くことがありますが、なぜ、その役職者が育たないのか、原因は明快です。それは、「社長が役職者の仕事を直接やってしまう」からです。

②部下が上司を上司として認識しなくなる

部下が間の役職者を飛ばして社長と直接コミュニケーションをとることが常態化していくと、部下は自分も社長と業務上のコミュニケーションを直接とってよい立場なのだと認識するようになります。すると、上司と自分が同等であるかのような誤解をもつようになります。直属の上司を上司として認識しなくなり、上司からの指示を吟味・選択するようになるのです。

「俺の言うことだったらちゃんと聞くのに、○○課長の言うことは聞かないんです。課長は、なめられているんですよ」

といった社長の発言を聞くことがありますが、これもその原因は明確です。それは、社長がその部下と直接コミュニケーションをとるからです。

社長が、直接の部下以外とは業務上のコミュニケーションをとることを制限すべきなのは、業務外においても同じです。たとえば、社長と趣味が合い、プライベートの時間をともにする機会も多い一般社員がいるとします。一緒に飲みにいくことが多い、たまには一緒にゴルフに行く……、数十人規模の会社ではよく耳にすることです。

社長も一人の人間ですから、プライベートの時間くらいは気の合う、趣味の合う人間と一緒にすごしたいと思うもの。しかし、これもやめたほうがよいでしょう。

プライベートの時間であっても仕事の時間であっても、一人の同じ人間です。完璧に切り替えることができる人はいません。たとえ、社長ができたとしても（実際はできていないのですが）、部下はできません。自分は社長と直接コミュニケーションがとれる存在だという認識で、直属の上司や会社を見るようになるのです。

プライベートの時間を社員とすごすこと自体を否定するわけではありません。しかし、間の役職者がいない場で、特定の社員とだけの時間をもつことは、業務上で直接コミュニケーションをとることと同様の誤解が生じ得ると理解しておかなければなりません。

気の合う人、趣味の合う人とプライベートの時間をすごしたければ、社外で探すことをおススメします。寂しいかもしれませんが、社長や管理者というのはそういう立場の人間なのです。

③上司が二人いると錯覚する

役職者を飛ばして社長とコミュニケーションをとる社員は、「社長と、本来の上司である役職者の二人ともが、自分の直属の上司である」と錯覚をします。

たとえば、本来の上司である課長から承認されなかった事柄が、社長から承認されたとします。すると、課長が「ダメだ」と言ったことに対しても、「これは社長だったらダメとは言わないはずだから、進めていいだろう」と、勝手に自己判断するようになるのです。

そして、上司が二人いると上司を比較するようになり、上司を評価するようになってしまいます。「やっぱり、社長はわかってくれるよな。それに比べて○○課長は……」といった具合になります。評価する立場になった部下は、直接の上司の言うことをますます聞かなくなります。

「皆、社長に話を聞いてもらえてよかったですって言うんですよ。課長たちはイマイチ部下からの信頼がなくて困っているんです」

という社長の発言を聞くこともありますが、課長たちが部下からの信頼を得ることができない原因は明白です。社長と課長を同じ直属の上司として比較したら、社長のほうが経験も豊富で、決定できることも多いので、社長のほうが信頼されるのは当然のこと。にもかかわらず、社長が課長と同じ土俵で部下と接するから、いつまで経っても部下は課長たちを信頼しないのです。

そして、「課長たちはイマイチ部下からの信頼がなくて困っているんです」と言う社長に限って、他の誰よりも自分が社員から信頼され、人気があることに満足しています。これは本当にタチが悪いとしか言いようがありません。その信頼されていない課長を任命した自分の任命責任を忘れ、みずからの言動によって、彼ら彼女らがいつまでも信頼されない状況をつくっていることを正しく理解しなければいけません。

④役職者の評価を間違える

また、社長との直接のコミュニケーションルートをもつと、部下は本来、直属の上司に報告しなければいけない事柄を報告するのを忘れてしまいがちになります。社長に報告した時点で、「報告業務を完了した」という錯覚を起こすからです。

こうなると、部下の状況に関する情報を、役職者より社長のほうが多くもっている状態になってしまいます。そして、部下の状況について社長が役職者と話をするときに、役職者が自分より状況を把握できていないことに気づき、社長は「こいつは、部下のことを把握できていないダメな上司だ」と評価してしまうのです。

「僕なんか、一般社員一人ひとりの細かいところまでちゃんと理解しているのに、課長たちはまったく把握してないんですよ。興味がないんですかね」

この社長の発言も、原因は明確です。「社長が直接、報告を受けてしまうから、部下は上司に対して報告しなくなっている」、ただそれだけの話です。

組織の最高責任者に報告し、承認をしてもらった内容について、直属の上司にも報告する必要性を認識し続けるのはむずかしいでしょう。それは中間管理職や部下個人の問題ではありません。社長の言動が根本原因となっていることを、しっかりと理解しなければならないのです。

直接コミュニケーションをとり続けたいなら、部下と会社の成長はあきらめる

これだけ大きなマイナスがあることを理解しても、間の役職者を飛ばしてコミュニケーションをとり続けたいのなら、会社の成長はあきらめたほうがよいでしょう。なぜなら、

社長がそれでも間の役職者を飛ばしてのコミュニケーションをとる主な理由は、次のようなことだからです。

人はより多くの人から「必要とされている」という状態、存在意義を認識できている状態を望みます。自分で会社を立ち上げた社長であれば、なおさら強くその状態を望んでいるでしょう。

会社をつくるということは、社会という不特定多数の人たちから、より多くの存在意義を獲得する、認めてもらうための作業とも言えます。会社のトップとして、社会から多くの存在意義を獲得しようとするのは正しい行動です。むしろ、トップとしていちばん意識しなければならないことです。

一方で、一人の人間としては、より多くの人から「直接的な承認」を認識できる状態を望みます。

こうした人としての「本能」があるからこそ、社長はできるだけ多くの社員と直接触れ、直接指示を出し、直属の上司の本来の業務を奪ってでも、より多くの部下から直接的な存在意義を獲得しにいってしまうのです。

社長が、部下をとおしてみずからの存在意義を確認するのは容易なことです。なぜなら、社長という立場だからです。一人の人間として、社員をとおして直接的に存在意義を確認するために、さまざまな弊害を無視してでも間の役職者を飛ばしたコミュニケーションを続けたいのであれば、会社の成長はあきらめたほうがよいでしょう。

「幹部だけでなく、プレーヤーとも話し合う時間を多くもつと、皆喜ぶよね」と言っている社長。喜んでいるのは、あなただけかもしれません。いや、いちばん喜んでいるのがあなたであることは間違いありません。

そんな社長は、存在意義を確認しにいく方向性を間違っています。社長がみずからの存在意義を確認しにいかなければいけないのは市場なのです。

この対応が正しい！

基本的なコミュニケーションは、直属の部下とだけにしています。そうでないと、間の役職者は機能しないし、成長もしないですからね。皆と話す機会が減って、一人の人間としては寂しいですけど、会社の成長のためにはこうあるべきですね。

03

協力、連携という言葉をむやみに使うことをやめる

よくある誤解

部下には「どんなことがあっても、皆で協力して取り組めばなんとかなる。常に、周りの人に協力できることがないかを全員が意識しよう」と伝えています。

皆で一緒に働いているんだから、誰か気づいた人が自主的に動き出して問題を解決するような組織にしたいですね。

社長の「協力」という言葉が、言い訳の多い組織をつくる

「皆が会社のこと、仲間のことを考えて協力しあえば、組織は有機的に動き、大きな力を発揮する。それぞれが連携しあって、そのなかでお互いの問題を指摘しあい、アイデアは共有しあって組織は成長していく」

これが実現できれば、実に素晴らしい組織です。しかし残念ながら、このような組織運営をしていくことは不可能に近いのです。

私の知る会社でこんなことがありました。営業部門と製造部門が分かれている、よくあるメーカーの組織体制です。そして、営業と製造のそれぞれの責任者に個別にアドバイスしていたのですが、それぞれが互いの部門の存在を言い訳にしていました。

「営業の発注のタイミングが遅くて……」

「製造側に納品スピードを要求しても、あまりいい顔をしないし……」

よくある話ですが、「とても言い訳の多い会社だな」という印象をもっていました。

そのなかで、最後に社長にお話をさせていただいたところ、社長の発言でいちばん多いキーワードが「協力」でした。

それで、社員に言い訳の多い理由が明確になりました。おそらく、社長は日常において

も、社員に、

「しっかりと協力して仕事をしなさい」

「もっと、営業と製造は協力しなさい」

という指示をしていたのでしょう。だからこそ、こういう〝言い訳体質〟になるのです。

では、社長の「協力」という言葉がなぜ社員の間に言い訳をつくる要因となったのかを解説していきましょう。

社長の「協力」の一言で、組織の責任が重複してしまう

組織のなかで発生する言い訳の大半は、責任が重複している部分で発生します。一つの事柄に対する責任が複数の人間、あるいは複数の部署に課されたときに発生するのです。

その理由は簡単です。何か不具合が発生したときに誰の責任かが明確にならないので、それぞれが自分の身を守るため、自分以外の誰かに責任があると認識しようとするからです。また、自分以外の誰かに責任があると認識することが、可能な状況であるからです。

組織を運営していくうえで、この状況は避けなければいけません。責任が重複する部分では、言い訳が発生します。言い訳が発生すると、その部分で業務が停滞しやすくなりま

す。お互いに相手の責任だと認識しているから、自分に責任はないと認識しているから、期限管理などが甘くなるのです。

「きっと、○○さんがやってくれるだろう」

「○○さんがある程度進めてくれるだろう」

そのように考えてしまうのです。

協力・連携させたうえで責任を明確に

そして、責任が重複し、言い訳が発生し、業務が停滞する原因となるのが、社長の発する「協力」や「連携」という言葉です。

組織で目標を達成しようとしたとき、協力や連携は必要不可欠です。しかし、ただ協力したり連携したりするだけではうまくいきません。二人以上で協力したり連携したりする際には、必ず明確な責任者を設定しなければいけないのです。

責任者になった人間は、その事柄に対して、結果に責任を負う代わりにルールを決定する権限をもちます。協力する人は、責任者の指示に従わなければなりません。しかし、責任者の指示をしっかりと実行したうえで悪い結果になったとしても、協力した人は責任を負うことはありません。協力した人に発生する責任は、責任者の指示を実行するという責任のみだからです。

社長が発する言葉としては、

「この業務に関しては、A部署とB部署で協力してやりなさい。最終責任者はA部署の○○部長とします」

というのが正しい指示です。このように責任部署と責任者を明確にすれば、責任の重複による言い訳は発生しないでしょう。また、業務が停滞することもありません。A部署の○○部長が責任をもって期限を管理するからです。


社長や管理者が発する「協力」や「連携」といった聞こえのよい言葉によって、責任の所在が不明確になり、言い訳が頻繁に発生する環境となっていないでしょうか。責任者が確定していない事柄では、改善が進むことはもちろんありません。お互いがお互いの責任にするからです。逆に、責任が重複しているところを発見し、明確な責任者を決定するだけで、業績は大幅に改善します。

「皆で協力してやっていこう」

「部署間の連携をもっと深めていこう」

組織の長になったことがある人間であれば、一度は使ったことがある言葉でしょう。組織として、めざすべき姿であることに間違いはありません。
しかし、社長や管理者が発する言葉によって、責任の所在が曖昧になるということも忘れてはいけません。その結果、協力どころか、互いに責任をなすりつけあう、言い訳だらけの組織になってしまう危険性があることを認識しなくてはなりません。
組織で起こるどんな事柄も、目標達成のためのどんな業務も、必ず最終責任者は一人でなければいけないのです。

この対応が正しい！

弊社には多くの機能をもった部署があります。各部署間の協力、連携が大事だと常々言っています。と同時に、２部署以上、２名以上で業務をする際は、必ず誰が責任者なのかを明確に決めることをルールとしています。

04

管理者に他部署の部下の相談に乗ることをやめさせる

よくある誤解

「困っていそうな人がいたら、自分の部下じゃなくても積極的に話を聞いてあげなさい」と言っています。そういう場合の飲み代もサポートしてるんですよ。

プロジェクト単位で仕事をすることが多いので、「たとえ自分の部下じゃなくても自分の部下だと思って教育しろ」と伝えています。

なぜ、複数の上司がいると錯覚してしまうのか

「上司になる人も完璧ではないので、複数の人間で部下をサポートできるようにする。複数の目で部下の状態を見ることで、間違いが起きにくくなる」

本章の02では、社長が間の役職者を飛ばして部下とコミュニケーションをとることの弊害として、「上司が二人いるという錯覚」を起こすと指摘しました。それにより、部下が権限を与えられていない範囲で勝手に自己判断したり、上司を評価するようになったりします。「間違いが起きにくくなる」のではなく、間違いが起きやすくなるのです。

これは、社長と間の役職者との関係で発生することですが、違う部署の上司同士の間にも同様の錯覚が起きます。とくに、部下が複数の人間を上司だと認識した際は、「比較することで上司を評価できる」という錯覚が起きます。この錯覚が起きてしまうと、部下は直属の上司の指示を聞きにくくなります。

では、複数の上司がいると部下が認識してしまう状況が、どうして起きてしまうのでしょうか。二つに分けて解説しましょう。

①直属の上司でなくても、部下の悩みは聞いてあげるのが正しいと思っている

よくある誤解の例でもあげたように、「直属の上司でなくても、部下の相談に乗ったり悩みを聞いたりすること」を推奨している会社は多いようです。この行為自体を否定するものではありません。

しかし、そうした状況で相談される悩みとは、

「本来、直属の上司が解決しなければいけないこと」

「本来、直属の上司の指示を仰がなければならないもの」

である場合が大半です。ほかにも、上司の指導法や上司に対する個人的な感情による悩みなどがあり、いずれにしても「直属の上司について」の悩みであることが多いのです。

こうなってくると話は変わります。

部　　下「○○課長の指示ではうまくいかないと思うんです」

別部署の上司「俺も、お前の案のほうがいいと思うな」

この瞬間、部下は自分の上司に対する評価が正当であると認識します。そして、「自分には上司を評価できる機能がある」と錯覚するのです。

本来、違う部署の上司にも、その部下の直属の上司を評価する機能はありません。

役職者は、自分の部署を目標達成に導くという責任に対して、ルールを決定する権限を

もっています。それが会社で敷かれたルールに反しない限りは、その上司の意思決定やマネジメント方法に「正しい・間違っている」は存在しません。出した結果で、さらに上の上司に評価されるだけです。

にもかかわらず、違う部署の上司が、部下の直属の上司批判に同意してしまうことがよく起きます。そして、この行為により、部下は直属の上司を評価するようになり、指示を聞きにくくなるのです。

部　下「○○課長の指示ではうまくいかないと思うんです」
別部署の上司「それは、お前が判断することじゃないぞ。もし、より現場に近いお前が見て、何か問題があると思うなら、その情報を直属の上司に伝えなさい。俺に言ってくる内容じゃないぞ」

仮に別部署の部下から相談があれば、このように答えなければいけません。

直属ではない部下からの相談には、役職者は「直属の上司のマネジメントを補完する」方向でしか対応してはいけません。一緒になってその部下の上司を批判したり、部下に対する批判に同意したりすることは、組織に大きなマイナスな影響を与えるので、絶対に行ってはならないのです。

しかし、組織にとって悪影響があるにもかかわらず、直属ではない部下からの相談に積極的に応じ、部下の上司批判に同意する管理者は少なくありません。この理由は明白です。「責任がない」からです。責任がない状態で、上司としての権限を行使し、別部署の部下からも頼りにされているという「存在意義」を認識することができるのです。一人の人間としては、こんなに好都合で気持ちがよい状況は、ほかにあまりありません。

部　下「さすが△△課長ですね。うちの○○課長より、△△課長の下で働きたいです」

別部署の上司「ありがとう。いつかは一緒に働こうな。上司が俺なら、そんなに悩むことはないだろう」

こうした対応は組織にとっては最低です。私も振り返ってみると、若い頃にはこれに似たような言葉を発してしまっていたような気がします。そして、誰よりも気持ちよくなって帰宅した記憶があります。組織にとっては、最低の管理者でした。

②プロジェクトのしくみとして、そうなっている

会社の規模が大きくなってくると、複数部署にまたがるプロジェクトの仕事も増えてきます。すると、Aという部署の一般社員と、Bという部署の課長が、プロジェクトとして一緒に業務を行うことも出てきます。図にすると、次のような関係です。

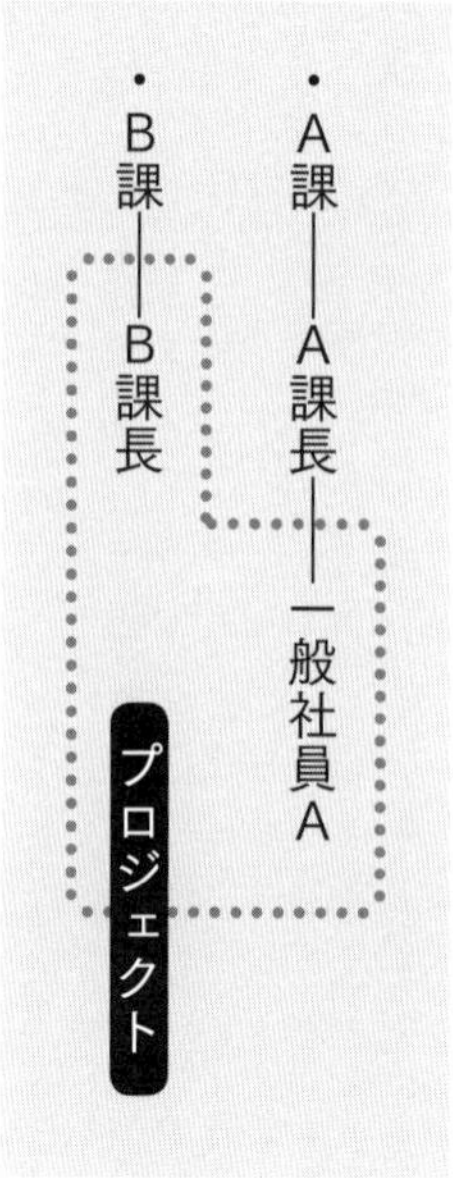

一般社員AとB課長がプロジェクトメンバーです。このような状況になったとき、しっかりとそれぞれの役割と責任を明確にできていないと、一般社員Aからすると、「上司が二人いる状況」になってしまいます。前述したような、上司を評価する状態にもなります。こういった状況下では、一般社員Aが仕事をしていくうえで重要な機能が停止してしまいます。

それは、「優先順位を決定する機能」です。A課長とB課長、どちらも一般社員Aにとっては上司だとすると、二人から指示を受けたときに、どちらを優先すればよいかを判断できません。この優先順位を決めることができず、業務が停止する時間がロスタイムになります。さらに、どちらかを優先した際には、優先しなかったほうに対する配慮が心理的な負担になるのです。

では、どのように進めていくのが正しいのでしょうか。一般社員Aの上司は、A課長一人であることを徹底していかなければいけません。優先順位に困ったときは、A課長が判断するというルールをあらかじめ決めておくのです。

一般社員AとB課長の間で行っていいやりとりは、A課とB課の間で決めたルール内での業務上のやりとりのみです。ルールの変更があるときは、A課長とB課長の間でしか決めることができません。ルール外の指示をB課長から一般社員Aにされたときに、一般社員Aは実行するかどうかの判断ができないからです。

また、B課長から一般社員Aに、教育や指導もしてはいけません。両課で決めたルール上の業務がなされていないことを指摘するのは問題ありませんが、教育や指導の機能はB課長にはありません。

もし、B課長が教育や指導までしてしまうと、A課長からの教育や指導内容と齟齬があったときに、一般社員Aは混乱します。一般社員Aのパフォーマンスに問題がある際は、B課長はA課長に対して報告し、改善を要求するのに留めなければなりません。

上司が一人であってこそ、すべての優先順位が決まる

どんなことがあっても、上司は一人であることが大切です。そうでないと、部下は上司を評価するようになり、優先順位の決定ができない状態になり、混乱する可能性があるからです。

そして、「部下の意識のなかで上司が二人以上いる状態になってしまうことは、組織運営上、いろいろなシーンで起こり得る」ということも忘れてはいけません。そうした事態が起こらないように、社長や管理者が決めるルールの内容や日頃の言動には、気をつけなければいけないのです。

この対応が正しい！

どんなことがあっても上司は一人であると部下に認識させるように、管理者全体で意識を合わせています。何か法律違反でもない限り、直属の上司に関する相談があっても、「それは自分の上司に直接話をしなさい」と伝えています。

05

管理者に部下のモチベーションを上げさせるのをやめる

よくある誤解

やっぱり、上司になる人間に求めるのは、いかに部下のモチベーションを上げることができるかですね。

それぞれのマネジャーには、部下の人数に合わせてモチベーション予算を与えているんですよ。部下のモチベーションを上げるために使うのであれば、報告を上げてくれれば何に使ってもＯＫ。いい制度でしょ。

モチベーションにこだわると、上司に対する評価者が増える

「マネジャーの仕事は部下のモチベーションを上げること。モチベーションさえ上がれば、それぞれが能動的に会社のために動くようになる。会社は、その環境を用意すればよい」

これは、まったくの誤解です。モチベーションという言葉が、

「何かを得ることができるから働く」

「モチベーションが上がらなければ、がんばらなくてよい」

という部下の誤解を促進していくことは、2章の冒頭でも述べました。

ここでは、「部下のモチベーションを上げること」を求められる中間管理職が、いかに苦しんでいるか、また、彼らが「部下のモチベーションを上げること」に躍起になっていると、組織が崩壊していってしまうことを、詳しく解説していきましょう。

社長は、市場からの評価を獲得することが求められます。そして部長は、社長が市場からの評価を獲得するために部長に求めることを実行し、社長からの評価を獲得することを求められます。同様に、課長は部長から、一般社員は課長からの評価を獲得することが求

められます。会社が市場での競争に打ち勝つために、市場からの評価を獲得するために、それぞれが自分の上の役職者から求められることを実行し続ける必要があります。評価の方向性は、上から下への一方通行でなければいけません。

しかし、部下のモチベーションを上げることを求められる上司はどうでしょうか。この場合、部下のほうが、「モチベーションが上がったか」「モチベーションを上げることのできる上司か」を評価します。

部下が「○○課長の言い方がきつくて、モチベーションが上がりません」と言うと、部長は「○○課長に、『もっと部下のモチベーションが上がる言い方をしなさい』と注意しておくよ」と答えるでしょう。このあと、部長から注意された○○課長の意識には、明確に、もう一人の評価者として部下が加わります。

世の中にはテスト形式のモチベーション調査のようなものもあり、「会社や上司はモチベーションを上げてくれているか」を部下が評価するようです。完全に、評価者に部下が追加されています。中間管理職は、上司からは数字を上げることを求められ、部下からはモチベーションを上げることを求められるのです。

数字を上げるためには、どんな仕事にも一定のストレスがあるでしょう。しかし、ストレスをかけると部下のモチベーションが下がります。部下のモチベーションを下げてはいけないので、部下に厳しく指導できなくなります。そうすると数字が下がります。上司からは「数字を上げろ」と言われ続けます。

一般的には、部下のモチベーションを上げるために必要な行動と、上司から求められる「数字を上げる」ために必要な行動は、多くの場合に相反します（厳密に言うと、正しく運用されれば相反しません。詳細は別章にて解説します）。中間管理職は、これで完全に混乱します。そして、組織はどんどん機能しなくなっていくのです。

個々のルールに合わせることで、組織が機能しなくなる

部下のモチベーションを上げろと言われたときに、上司はどのような方法を選択するでしょうか。多くの場合、部下が気持ちよく働けるように、できる限り部下の要望を受け入れようとします。すなわち、部下個人がもつルールに、できる限り合わせようとするのです。

リーダーが個々のルールに合わせるようになると、どうなるでしょうか。組織のルールは破綻します。組織のルールが破綻すると、何が正しいかが人によって変わるため、自分の評価や他人の行動に対して疑念や不満が出てくるようになります。

部下A　「こういう事情があり、モチベーションのキープがむずかしいです」

上　司　「そうか。だったらA君用にルールを少しだけ変更して、別の形で運用することを認めよう。これで、なんとかモチベーションをキープしてくれ」

部下B　「Aが許されるのだったら、私もルール変更してくれないとおかしいですよ」

上　司　「全部Aと同じというわけにもいかないけど、この部分は認めるよ。だから、モチベーションをキープしてくれ」

部下C　「AとBが許されるのだったら、私も！」

上　司　「……」

ここまで直接的ではないにしても、同じようなやりとりはよく見聞きします。一人に合わせると、ほかのところで不満が生じ、その不満を解消しようとしたら、また、別の場所で不満が出るのです。

部下のモチベーションを上げるために、ルールを個々に合わせることは絶対にしてはいけません。ルールとは、責任者がその組織を目標達成に近づけるために、責任をもって決定するものです。それを、一人ひとりの事情に合わせていたら、ルールが破綻し、目標達成は遠のいてしまいます。

部下のモチベーションを気にしながら、組織運営はできません。社長が、部下をもつ人に、「部下のモチベーションを上げるのが君の最大の仕事だ」などと言うと、言われた中間管理職は、混乱のなかで仕事をしていかないといけないことになります。それが原因で、つぶれてしまう人が出てくるかもしれません。

マネジャーが部下のモチベーションを下げないために個々にルールを合わせていたら、組織のルールは破綻します。そして、その組織は不満や疑念だらけの組織になるのです。部下のモチベーションを上げようと思ってとった行動によって、かえって不満や疑念を発生させるということを忘れてはいけません。

この対応が正しい！

モチベーションという言葉を使いません。部下の勘違いを拡大させますから。それに、中間管理職が苦しみます。「数字も部下のモチベーションも、どっちも上げろ」って、本当に酷なことを言っていたなと、反省しています。

Chapter 4

社長は部下の「やり方」に口を出してはいけない！

伸びる会社のマネジメントルール

01

部下の仕事に細かく口を出すのをやめる

よくある誤解

部下の動きに気になることがあったら、すぐに指導したり修正したりするように心がけています。修正は早いほうがいいですからね。手遅れになりますから。

管理者には、「手を抜かずに手取り足取り教えなさい」と言っています。教えた時間に比例しますよ、部下の成長は。

プロセスを管理してしまうと、部下は考えもしないし失敗もしない

「細かいところまで教えて、細かいところまでチェックする。そして、気づいたら、とにかく指摘する。間違った方向に行かないように、常に軌道修正してあげる。それが、正しい方向に部下が成長する方法である」

部下を正しく成長させるためには、プロセスを管理することが重要であると述べているのですが、これは完全に間違いです。

どれだけ長い距離を一緒に走ったことがあったとしても、部下は少しも一人で走れるようにはなりません。短い距離だったとしても、一人で走らせることで走れるようになるのです。

私と受講者の間で、このような会話がありました。大手企業の部長職の方でした。

受講者　「いつまで経っても、部下がクレーム対応ができるようにならないんですよ」

私　「できるようにならない理由を教えてあげましょうか。あなたが、いつまで経っても一緒にクレーム対応をやるからです」

受講者　「たしかに……」

なんて間抜けな会話だと思われるかもしれませんが、実話です。しかし、多くの会社で同じようなことが起きています。

「あいつはいつまで経っても部下を育てることができない」

と社長が言っている会社では、部下育成に対して社長が常に口を出し続けています。

「もっと、自分たちで戦略を考えられるようになってくれよ」

と社長がぼやいている会社では、部下が戦略を考えて実行する前に、社長がすべてを修正してしまっています。

これでは、残念ながら部下は成長しません。なぜなら、考えることも必要なければ、みずから考えた行動によって失敗することもないからです。

プロセスに口を出しすぎる上司の下にいる部下は、言い訳の思考を強くもつようになります。どんな言い訳かというと、

「上司の言うとおりにやっているので、うまくいかなくても僕のせいじゃないですよね」

という言い訳です。

こうなってしまうと、部下に本来求められている「結果」を追い求める思考は停止し、「上司の言われたとおりにやる」もしくは「上司の言われたとおりにやっているように見

せる」ことに集中し始めます。これでは、よい成果につながるはずがありません。

管理すべきことは、経過ではなく結果である

では、どのように管理をしていけばいいのでしょうか。管理すべきは経過ではなく「結果」でなければいけません。求める結果を明確に設定し、期日を迎えたときに結果を報告させます。

そして、不足が発生しているようであれば、その不足を埋めるべく何を改善するのかを同時に報告させ、次の結果を設定します。これを繰り返していくのです。

上司「今週は、売上100万円を達成しなさい」
部下「承知いたしました」

【一週間後】

部下「80万円で終わりました」
上司「で、どうするんだ」
部下「先週は訪問が少なかったのが敗因ですので、訪問数を10から15に増やし、100万円を必ず達成します」
上司「了解。それでは、今週は訪問数15件と売上100万円が君との約束だな。また来

週報告しなさい」

このような形です。求める結果が部下のいまのレベルからすると遠すぎると判断したなら、間にもう一つ手前の結果を設定し、それも管理します。

この会話例では、週100万円の売上という結果がその部下のいまのレベルでは遠すぎると判断したら、訪問数15件という結果を設定します。それでも遠いと判断したら、たとえば月〜水曜日の3日間で訪問数を10件というように、さらに手前に結果を設定します。

ここで最も重要なポイントは、やはり「プロセスに付き合わない」ということです。まだ経験やスキルに不安があれば、管理する期間を短くすればよいのです。一日ごとに求める結果を設定してもよいでしょう。

しかし絶対に、プロセスには付き合わないことが重要です。

改善する内容も結果で報告させる

求めた結果に対して不足があるときは、必ず何を改善するのかをセットで報告させるようにします。先ほどの会話例では、「先週は訪問が少なかったのが敗因ですので、訪問数を10から15に増やし」の部分です。

ここで重要なポイントは、改善する内容も結果で報告させることです。たとえば、

「Aというメンバーの成績が振るわなかったので、Aに対するロールプレイングを強化します」

これは営業会議でよく聞く報告ですが、これではまったくダメです。

「Aというメンバーの成績が振るわなかったので、Aに対するロールプレイングを強化し、ヒアリング項目の修正を行うことでAの月の売上を100万円までもっていかせます。そうすることでチームの売上を達成します」

これは正しい報告です。期限を迎えたときの「できた・できない」が明確です。Aの売上が100万円に届かなければ、対策すらも実行できないリーダーとなり、Aが100万円達成したにもかかわらず、チームの売上が未達成であれば、対策が間違っていたことになります。

それにより、翌月やるべきことがフォーカスされていきます。

会議の場でもプロセスは管理しない

会議の席においても、プロセスを管理する上司は間違った行動をとってしまいます。プロセスの話を延々と説教するのです。

「なんで、そこでもっとアプローチしなかったの？」

「そういうときは、違う角度から攻めてみようと思わないの？」

「そんな行動じゃ、お客さんに熱意が伝わらないだろ」

残念ながら過去は管理できません。そして、プロセスについて部下に説教しているつもりかもしれませんが、部下に言い訳をさせる材料と機会を与えてしまっているだけです。

「あまりアプローチしすぎると、逆によくないかと思いまして」

「違う角度という発想はありませんでした。勉強不足でした」

「もっと足しげく通って、熱意を伝えるべきでした」

進捗を管理するような会議では、「できたのか・できなかったのか」の確認と、「次、どうするのか」の約束だけでよいのです。

「なぜ、できなかったのか」にフォーカスする会議は無意味です。部下の言い訳に付き合うだけになり、時間のムダです。

「次、どうするのか」を正しく報告できている部下は、すでに過去の反省を完了させています。過去のプロセス報告の質を求めるのではなく、「次、どうするのか」という未来の結果をしっかりと見据えることができているのか、その精度を部下には求めるようにしましょう。

管理をすべきは結果です。プロセスの質を上げるのは部下の仕事です。プロセスに上司が口を出しすぎると、部下の仕事であるプロセスの質を上げることに対しての思考が停止します。そして、いつまで経っても上司からプロセスを指示してもらわないと動けない人間ができ上がってしまうのです。

この対応が正しい！

プロセスを管理しないとか、プロセスに口を出さないということは本当に不安でした。でも、プロセスに口を出すということが、いかに部下の成長を阻害していたのかが、いまはよくわかります。結果で管理するようになって、部下がみずから考えるようになり、部下が成長しているのがよくわかります。

02
部下と時間をかけて議論するのをやめる

よくある誤解

できるだけ多くの社員からの相談を受けられるように、いつも早朝から時間をとるようにしています。

僕の経験をどれだけ伝えることができるかが、会社の成長の鍵だと思っています。一人ひとりに細かいところまで教えているので、毎日1分1秒もムダにできませんね。

プロセスを管理するのは、時間を奪われるだけ

「経験や能力に優る上司が、できるだけ直接細かいところまで教えることが部下の成長の近道。部下の成長のために、自分がたくさん働けばよい。自分の時間を犠牲にしてでも、部下の成長のために時間を使う」

　前項で解説したように、このような考えで組織を運営しているマネジャーの下では、部下は育ちにくいものです。プロセスの質を上げるという、部下の本来の役割を上司が奪っているからです。

　にもかかわらず、マネジャーはいつも忙しくしています。一人ひとりの部下のプロセスを管理するということは、一人ひとりがどのようなプロセスをすごしているかを確認することです。そのためには、一人ひとりのプロセスを見る時間が必要です。一人の人間が、複数の人間が担当するプロセスの時間を一緒にすごすわけですから、時間がどんどんなくなっていくのは当然のことなのです。

　私は皆さんに、「線（プロセス）で管理するのではなく、点（結果）で管理するようにしてください」と、いつも伝えています。点で管理しなければ部下は成長できません。そして、線で管理をすると上司はどんどん時間を奪われてしまいます。

また、プロセスでの管理しかできないと、3階層以上のマネジメントはより困難になってきます。2階層のマネジメントであれば、自分の目の届く範囲ですので、他に悪影響はあるものの問題発見までのロスタイムは発生しません。

しかし、3階層以上になると、自分の直接目の届くところよりさらに下の階層で起きている問題は、プロセスを直接見に行かないと発見できません。これでは、一つひとつの問題発見に時間がかかり、タイミングが大きく遅れてしまいます。

A部長「昨日、営業担当と同行したけど、営業トークが全然できていないな」

課　長「申し訳ありません」

A部長「ちょっと気になるから、他のメンバーとも同行を入れてくれ」

課　長「かしこまりました」

前述した「間の役職者を飛ばすマネジメント」という面でも弊害は大きいのですが、この部長はすべての問題についてみずからプロセスを見ることで発見しようとしています。いったい、部下が何人になるまでこのスタイルを続けるのでしょうか。どれだけ時間があっても足りません。

B部長「営業担当ごとの数字の進捗に差があるようだが」

課　長「はい。担当者ごとに営業トークに成熟度の差があるのが原因です」

B部長　「では、いつまでにどうするんだ？」
課　長　「営業トークを改善させ、成績の悪い○と△の営業進捗を、月末時点で個別に出します」
B部長　「では、月末の全体の報告と同時に、その二人についての報告もしてくれ」

この場合には、「営業担当ごとに課せられた数字の進捗」という結果で問題を発見しています。営業担当に同行しないと問題発見ができないA部長よりは確実に早く、正確に問題を発見できます。

そして、「○と△の営業進捗」という結果で約束しています。課長の責任も明確になっており、問題解決に向けて取り組み始めています。

A部長の部署では、これから他の営業担当と同行し、問題を確定させて、改善を始めます。この時点でかなり大きな差が生じています。そして、A部長の指示はおそらく、「営業トークを改善せよ！」

です。

営業トークが改善できたかどうかは、再びA部長がプロセスを確認することでなされます。このスピードでは、競合他社との競争に打ち勝つのはむずかしいでしょう。

判断に感情が出てしまうプロセス管理ではなく、事実・結果で管理する

組織を目標達成に近づけるために、社長や管理者に求められることは、まず、「事実を見極めること」です。事実を見極めたうえで、「次、どうするか」を決断することがリーダーの仕事です。

しかし、プロセスを管理するとどうなるでしょう。プロセスを管理すると、どうしても「感情」が出てきてしまいます。

「あいつもがんばっているから、撤退基準に達しているがもう少し待ってみよう」

がんばっているプロセスを見て、ルールを無視した感情的な判断をしてしまいます。

この判断は、事実とは無関係です。そして、この判断により、組織の適切な改善サイクルが回らなくなることは明らかです。

「君の部隊は夜遅くまでがんばっているからな。未達成だけど、とくに言うことはない。その情熱があれば大丈夫だ」

夜遅くまでがんばっているというプロセスを見て、「何が不足をしているか」という事実の見極めを怠り、「情熱があれば大丈夫だ」と感情的な声がけで終えています。この部

隊は、何が不足かを認識しないままに時間をすごすことになります。いくら、がんばっても目標達成に近づくのはむずかしいでしょう。
リーダーは、結果で管理しなければいけません。そして、結果という事実で、いまの状態を見極めて判断しなければいけません。そうしないと、問題の発見と改善に時間がかかってしまいます。そして、感情でいまの状態を見ることで、事実をとらえることができずに判断を間違えるようになるでしょう。

この対応が正しい！

プロセスではなく結果で管理をするようになって、事実を見極めた冷静な判断ができるようになり、時間にも余裕ができました。なんてムダなことに自分の時間を使っていたのかと、反省しています。

03

社長が会議などで説教するのをやめる

よくある誤解

会議では、成績の悪い人間に対して説教するようにしています。

そうすることで、他の人間にも緊張感が出ますからね。

長い時間、説教するのは体力的にも大変です。でも、こちらの思いをしっかりと理解させるには必須だと思っています。

説教を受けると、「ダメな自分でも存在意義を認めてくれた」と勘違いする

「社長が成績の悪い人間に熱意をもって説教する。そうすれば、説教された人間は、その思いに答えるべくがんばる。そして、周りも説教されないように努力する」

説教にはこのように、周りの人に緊張感を与える効果があるかもしれません。しかし「社長の説教」は逆効果です。会議で社長の説教を受けた経験のある人は思い出してくださ い。その会議が終了したとき、何を考えていたでしょうか。

「やっと、終わった」

ということでしょう。

会議が終わったときの理想の状態は、それぞれが次の「目標」に向かって進み出している状況です。次の会議に向けて1分1秒をムダにしたくないと動き始めるのが、理想の状態です。

しかし社長の説教は、その理想の状態から部下を遠ざける要因になってしまっているのです。それは、なぜでしょうか。社長から説教された部下は、

「自分は、社長から必要とされている存在だ」

と認識するからです。こんなに数字の悪い自分でも、これだけ長い時間、説教してくれ

るのだから、まだ、「社長から必要とされている」と認識するのです。

そして、「この場さえ乗り切ればよい」という思考になるのです。その場でどれだけ説教されていても、自分は社長にとって、この会社にとって必要な存在であると認識してしまうのです。

これは、「部下が、ダメな自分を社長や上司に認めてもらい、存在意義を確認している」状態です。たとえば、部下の次のような発言も同様です。

「まだまだ勉強不足でした」

「本当に自分のダメさを痛感します」

といった発言です。この発言に対して、

「もっと勉強しろよ」

「本当にお前ダメだな」

と社長や管理者が言えば、そこで部下は安心します。「こんなにダメな自分の存在を認めてくれている」と確認するのです。

しかし、重要なことは「次、どうするのか」です。長い時間、説教するのではなく、次にどうするのかを約束させなければいけません。次の会議までに、どういう結果を残すかを約束させなければいけないのです。

「まだまだ勉強不足でした」

「本当に自分のダメさを痛感します」

という部下の発言があれば、その発言に付き合うのではなく、

「で、どうするんだ」

と言わなければいけません。

部下は結果でしか会社に貢献できない

部下が会社に貢献できるのは、「結果」によってのみです。本来、社長にとって必要とされる存在であるには、また、会社にとって必要とされる存在であるには、会社の業績にプラスになるよい結果を出すしかありません。よい結果を出したとき以外に、部下に「必要とされている存在なんだ」と認識させてはいけません。「よい結果を出さずとも、必要とされている存在である」と誤解するからです。

ですから、社長や管理者がすることは、長々と説教することではなく、次に求める結果を明確にすることです。どのような結果を出せば、必要とされる存在になれるかを明確に示すことです。

会議終了後、ムダに長い説教をされず、結果でしか自分が会社からの存在意義を獲得で

きないことを認識したときの部下は、どう行動するでしょうか。「やっと、終わった」と安心している暇はありません。求められる結果を出すために、すぐに動き出すでしょう。なぜなら、求められる結果を出さなければ、自分は会社にとって必要とされない存在になっていくからです。社長が長々と説教をせずに求める結果を明確にすれば、会議終了時の状態は理想の状態に近づくのです。

私が関わっている多くの会社では、会議の時間が半分から3分の1に減少します。会議の数自体が大幅に減ります。社長が、「管理者が延々と説教していた時間がムダであった」と気づくからです。

説教されなくなったら、会議に緊張感がなくなるでしょうか。まったく逆です。結果という事実のみの会話になりますから、言い訳は許されません。

悪い結果に対して誰も説教してくれませんので、よい結果を出さなければ自分の存在意義が減少していくことを認識します。よい結果を出すための約束に対して実際にはどうだったという報告と、次の約束がなされ、よい結果を出すために他の人からできる限り情報収集をしようとする能動的で緊張感のある会議となるのです。

社長や管理者は、部下にむやみに説教をしてはいけません。それは部下の言い訳に付き合い、言い訳の材料を与えるばかりか、部下はそれだけで自分の存在意義を認識するからです。

説教するのではなく「次、どうするのか」を求めましょう。そうすれば、効率のよい、緊張感のある会議になります。

この対応が正しい！

会議では説教なんてしません。結果だけで会話して、約束していた結果を出せない部下に対しては「次、どうするのか」しかコメントをしません。そっちのほうが緊張感が高まりますよ。

04

残業してがんばった仕事を評価するのをやめる

よくある誤解

いろいろなリスクを吟味して、できるだけシミュレーションを繰り返してから実行するようにしています。失敗すると、いろいろとムダになりますからね。

「ミスが出るくらいなら、慎重に、時間を使ってやりなさい」と言っています。ミスが出るほうが時間のムダですから。

時間を短縮することは、万国共通の必須テーマ

「ミスや失敗を避けるために、とにかくしっかりと事前に準備し、慎重に実行する。そうすれば、ミスや失敗を避けることができる。多少時間がかかったとしても、結果的にそれが成功への近道である」

成功は、それほど悠長なものではありません。30分かけて一つの仕事を完成させたA君と、1時間かけて一つの仕事を完成させたB君では、完成した仕事の品質が同じという前提であれば、もちろんA君のほうが価値ある存在です。仕事の質を評価するときには、要した時間もセットで評価しないといけません。

30分でできた営業資料と、1日かけてできた営業資料を比較して、1日かけてつくった営業資料のほうがよいかどうかという判断では、よけいにかけた時間を加味して判断しなければいけません。1日かけて大した差がないのであれば、少々粗くても30分でできた資料のほうがよい、という評価もあってしかるべきなのです。

「何を当たり前のことを言っているのだ」と思われたかもしれません。しかし、この「時間とセットですべてのことを判断、評価する」ということを、すべての社員が意識して取り組めている会社は、かなり貴重な存在です。

多くの人は月給や時給という形で時間に対して給料をもらっているために、時間をかけて仕事をしたほうが、給料が増えます。そのため、時間に対する感覚が鈍くなり、時間あたりの仕事の質が落ちる要因となっています。

私もサラリーマン時代は、よく時間をかけて仕事をしていました。「時間をかけて、よい仕事をしている自分」を、上司は「あいつは残業してよくがんばっているな」と評価してくれました。時間をかければかけるほど、残業代も増えました。ほめられるし、給料も増える。時間をかけて仕事をしない理由は見つかりませんでした。

私ほどのダメ社員はもういないかもしれませんが、よく似た感覚の人はたくさんいます。少なくとも、逆に「時間を短縮する」ことに高い意識をもって仕事に取り組んでいる人は、本当に少ないのです。

それは、次のような質問をすると、あらためて確認できます。

「あなたの部署が忙しい、手が回らない。さあ、どうしますか？」

このように問うと、

「人を増やす」

「長く働く」

「仕事を減らす（他部署に仕事を振る、断るなど）」

「アウトソーシングする」

という答えが返ってきます。不思議と、

「時間を短縮する」

「効率を上げる」

という答えが返ってくることが少ないのです。それほど、仕事の「時間を短縮する」ということに対して、働く人々の意識は薄いのです。

しかし、時間は大切です。国や会社によって働く人に求められるスキルや結果は異なりますが、時間を短縮できる能力はどこに行っても価値があります。

時間を短縮できれば、できる仕事の量が増えます。そして、会社は少ない人件費で高い成果を残すことができます。生産性が高まるのです。会社を成長させていくうえで時間に対する感覚を鋭くもつことは、最も重要なことの一つです。

社長の時間感覚以上に会社の時間感覚は鋭くならない

次のような組織はどうでしょうか。ある仕事にかかる時間を、リーダーは40分くらいだと認識しています。一方、3人いる部下は、それぞれ50分、55分、60分だと認識をしています。

この組織は決してほめられた組織ではありません。しかし、実はまだマシです。なぜなら、この組織の3人の部下は、いずれはリーダーの40分という感覚に合わせることを求められるからです。この組織は、まだ成長余地があるでしょう。

ところが、この組織に4人目の部下がいて、その部下は同じ仕事を「30分でできる」と認識していたらどうなるでしょう。この部下は、「40分でいいんだ」と認識し、自分の力を最大限に発揮しようとはしなくなります。そして、時間の経過とともに「これは40分で終わらせる仕事」という認識に変わっていくのです。

つまり、組織全体がもつ時間に対する感覚は、リーダーがもつ時間に対する感覚以上に鋭くはならないのです。リーダーの時間に対する感覚が乏しければ、組織全体がリーダー以上に乏しくなるということです。

このように、会社の時間に対する感覚は、トップである社長以上に鋭くなることはありません。だからこそ、社長は会社の誰よりも時間に対して鋭く、厳しくなければならないのです。

時間を短縮できれば、たくさん修正できる

私は、時間に対する感覚が乏しいリーダーにたくさん会ってきました。ある会社の営業

会議に同席したときのことです。
上司「この場で数字を挽回する対策が思いつかないなら、あとから報告しにきなさい」
部下「承知いたしました」
上司「で、いつまでに報告できるんだ」
部下「明日中には必ず報告します」
上司「わかった。よろしく」

と、耳を疑うような会話がなされたのです。この会議は、週ごとに実施される営業進捗会議です。月曜日に行われています。この会話で違和感をもてなければ、かなり時間の感覚に乏しいといえます。

「営業で数字の底上げをする対策を考える」ことに頭を使う時間は、もちろん、仕事内容やその人の能力などにも影響されるでしょうが、多くても30分くらいでしょう。それをこの会議を仕切るリーダーは2日間も与えてしまいました。30分しかかからないのに、2日間です。

実際は、30分頭を使うのが、会議の直後か2日目の期日間際かの差だけですが、2日与えてしまったリーダーの組織では対策の報告が火曜日の終了間際に出てきます。そして、その対策が承認され、実行されるのは水曜日からです。7日ある1週間の3日目です。これでは勝てるはずがありません。

一方、時間感覚の鋭いリーダーのもとでは、「会議終了後1時間以内に」という期限が設定されます。すると、対策が実行されるのは当日中です。遅いほうのチームの対策が実行される3日目には、対策に対する修正がなされている可能性もあります。この差が1年間続いたとしたら、どちらが勝つかは明らかです。


時間を短縮できる組織は、生産性が高まります。そして、もう一つ重要な要素は、早ければ、遅い組織と比較して圧倒的に多く修正ができるということです。

どれだけのトップセールスであっても、どれだけのビジネスセンスのある社長であっても、完璧にイメージどおり、お客さんや市場を動かすことは不可能です。誰でも失敗する可能性があり、誰でも初めからすべてうまくいくとは限らないのです。

この前提にもとづいたとき、いち早く成功に近づくには、速度を上げるしか方法はありません。実行と修正を重ねることでしか、確実に目標に近づく方法はないのです。

とにかく時間を短縮する。そして、求められている期限までにできるだけ多くの修正機会を確保する。これが、確実に勝つための方法です。

スピードを上げれば、格段にミスが少なくなる

「そんなにスピード、スピードって言っていたら、仕事の質が落ちてミスが多くなってしまいますよ」

社員からこういう言い訳が出るならまだしも、社長からこのようなコメントが出ることがあります。それは、とても残念なことです。仕事の質は、常に時間もセットで判断しなければいけません。遅くてよいものができたとしても、早くてよいものができた人に比べると、仕事の質は低いのです。

ここで言っている仕事の質とは「ミスの少なさや完成品のでき映え」としましょう。仮に、これらを「仕事の質」であると定義したとします。それでも「仕事の質or時間」ではなく、「仕事の質&時間」という性質のものです。時間を短縮するから「仕事の質」が落ちるということは、言い訳でしかありません。

むしろ、時間に制限がかかるために集中力が増し、ミスが減るなど、仕事の質が上がった、という例もたくさんあります。

「時間＝価値」です。時間短縮に意識が向いている会社は、当然ですが生産性が高まります。そして、それが競争力につながります。

繰り返しますが、組織の時間に対する感覚はリーダー以上に鋭くなることは決してありません。リーダーが時間に厳しくなれば、組織運営の速度も上がります。速度が上がれば、修正できる回数が増え、競合他社より確実に、より早く目標達成に近づくことが可能になります。

この対応が正しい！

管理者には期限を設定すること、その期限設定をできるだけ厳しくするように言っています。期限に厳しければ、修正も素早く対応できますからね。グダグダと何もせずに、考えている時間がいかにムダだったかということが最近よくわかります。

05

仕事について社員に熱く語るのをやめる

よくある誤解

部下に思いを伝えるために、あえて感情を全面に出して怒るようにしています。

上司、部下である前に、一人の人間同士の付き合いです。だから、感情を隠すなんてことは絶対にしません。

感情で動く部下は、感情で動かなくなる

「感情を全面に出して、情熱的に部下に熱く語れば、こちらの思いが伝わる。一人の人間として接することで、部下もすべてをさらけ出してくれるから、仲間になれる」

少し具体的にイメージしてください。仮に、感情で人を動かし続けることができたとして、何人まで対応できるでしょうか。部下の心に火をつけるために、ときには部下に罵声を浴びせ、ときには居酒屋で熱く語る——。それを、何人まで対応できるでしょうか。

そもそも、感情への働きかけによって部下はちゃんと動き続けるのでしょうか。残念ながら、感情で動いた人は感情で動かなくなります。組織は感情ではなく、しくみで動かさなければいけません。

感情的なマネジメントを上司が行うと、部下は上司を一人の人間として見るようになります。上司・部下という会社の決まったルールのなかでの関係性ではなく、一対一の人間としての関係性になります。

こうなると、上司の発する言葉は、上司としての発言ではなく、個人的見解だと認識されます。すると、部下は上司の言うことに対して「聞く・聞かない」の選択肢が発生したと錯覚してしまうのです。

「この上司は心が熱くてよい人だから、言うことを聞こう。どこまでもついていきます」

一見、素晴らしい上司と部下の関係性のように見えます。しかし、人数が増えてきて一人ひとりに熱く接することができなくなれば、

「昔みたいな熱さがなくなりましたね。僕、以前の熱い社長が好きでした。辞めます」

というようなことになってしまいます。また、

「今日の上司は機嫌が悪いから、こういう指示をしてくるんだな。機嫌がよくなるまで、しばらく待とう」

と、上司の指示が感情的な、思いつきの発言であると認識し、実行するかどうかを部下が吟味するようになります。

上司と部下の関係性は、指揮命令者と実働者の関係です。上司が組織の目標達成に責任をもって指示を出し、部下は与えられた指示を遂行するという実働の責任を担います。

この関係が曖昧になり、部下が上司の指示を聞くかどうかを吟味するようになったり、上司が部下に指示を聞いてもらうために毎回熱く語らないといけなくなったりすると、ロスタイムが多く発生し、組織は目標達成から遠のいてしまいます。

上司と部下は、会社という組織にいるときは、それぞれの機能を果たすことが求められます。そこに一対一の人間としての感情をもち込んではいけません。機能を果たすことよ

り、感情が優先されるからです。それぞれが機能を果たし、目標達成をしたときに、喜べばよいのです。また、何かが不足して目標達成ができなかったときは、悔しがって、次に向けた動きをとればよいのです。

結果が出るまでは、それぞれの立場で、目標達成に向けてそれぞれの機能を無機質に果たすことが求められます。感情を出していいのは結果が出たときだけです。そして、どんなときでも、リーダーは誰よりも先に感情をコントロールし、次の結果を見据えて動きださなければなりません。

感情によって、事実とマネジメントをゆがめてしまう

感情によって組織のルール上の立場が曖昧になると、その組織は機能的に動きにくくなります。加えて、マネジメントに感情が入ることによって、リーダーは事実を正しく見極めることもできなくなってしまいます。

リーダーは、チームを目標達成に近づけるために、まず事実を正しく見極め、部下に的確に指示しなければいけません。

「あいつは普段から距離をとるので、人間的に嫌いだから」

「いつも一緒に飲みながら夢を語り合っていて、人間的に好きだから」

などと感情がマネジメントに入ってきたらどうでしょう。部下が置かれている状況を、事実で正しく見極めることができるでしょうか。

マネジメントは起きている事実に対してのみ行われなければいけません。感情が入って事実の認識を誤ると、判断を間違えてしまいます。

感情は誰にでも常に発生するものです。しかし、事実認識に感情が入ると、誤解や錯覚を起こします。とくに、組織のルールを決定する立場であるリーダーが事実を誤って認識し、判断を間違うと、組織に致命的な損害を与えます。リーダーは「感情とは無関係に事実を見極めること」を意識してもしすぎだということはありません。

「感情豊かな人間味のあるリーダー」

「小説やドラマで描かれているリーダー」

これらは、求めるリーダー像としていちばん多いタイプかもしれません。しかし、現実の世界でリーダーに求められる資質は、メンバーの誰よりも冷静に事実を見極めることです。そして、組織を勝利に導くことです。勝利に導いたときには、「喜び」という感情を思いっきり出せばよいのです。

しかし、リーダーである以上、次の勝利に向けて誰よりも先に冷静になることが求められます。それを、常に忘れてはいけません。メンバーと一緒に喜び続けているようでは、業績拡大のスピードは遅くなってしまうのです。

時間が止まることはありません。喜んでいる間にも時間は動いていることを、リーダーは他の誰よりも意識しなければなりません。もし、それができず、いつまでも一緒に大騒ぎしたいというのであれば、いますぐリーダーを辞めたほうがよいでしょう。

この対応が正しい！

組織運営にとって感情は敵です。感情をもって部下と接すると、部下と上司の関係というより、兄貴と弟みたいな関係になってしまいます。その結果、いろいろなことが緩んでいたと反省しています。しっかりと冷静に事実を見極め、組織にとって正しい判断をしていこうと思います。

Chapter 5

会社に合わせることができない人材を雇い続けてはいけない！

伸びる会社の人材採用＆育成

01

本人の意思を尊重することをやめる

よくある誤解

人にはいろいろな価値観があります。どこで力を発揮したいか、力を伸ばしたいかは人それぞれです。できる限り、本人の意思を尊重したいと思っています。

人間、追い込まれたときに、最後は自分です。なので、まずは自己評価を高くもつように伝えています。自分の評価が高ければ、心は健康を保てますから。

「評価者の求めること」でなければ、評価に値しない

「人には得意・不得意があって、社員は得意な分野の力を伸ばしてあげれば活き活きと働く。そして、どんなことであっても自分はできるんだという自信をもてば、多少の困難は乗り越えていける」

この考え方の前提には、「それによって仕事ができる人になる」ということがあります。ところで、「『仕事ができる』とは、どういう人か」という問いに対しては、さまざまな答えが返ってきます。

「営業力のある人」
「資料作成が速い人」
「豊富な知識がある人」
「アイデアが豊富にあって、かつ、実行力のある人」

どの答えも間違いではないでしょう。しかし、正解であるとも限りません。なぜなら、「仕事ができる人」とは、「評価者の求めることができる人」だからです。これはどこの会社でも同じです。たとえ営業力があったとしても、資料作成が速い人でも、「評価者の求めること」でなければ評価に値しないということ。つまり、仕事のできる人ではないと

いうことです。

さらに、このことは会社以外の組織でも同じです。たとえば、プロサッカーチームでは、どれだけ他のチームで活躍した選手でも、どれだけ足の速い選手でも、そのチームの監督の求めるプレーができなければ試合に出ることはできません。チームが勝つために、それぞれのポジションに求める役割が決まっており、選手に求められることはそれ以上でもそれ以下でもないからです。

ポジションに求められる以外のところで、自分なりによいプレーをしたとしても、それは評価に値しません。なぜなら、そのプレーによってチームは組織として機能しなくなるからです。


組織を目標達成に近づけるためには、メンバー一人ひとりが「与えられた機能」を果たすことが求められます。与えられた機能以外のことを能動的に、それぞれが自分なりによいと思うことを実行し始めると、それは組織ではなくなります。

与えられた機能とは評価者の求めることです。評価者の求めることでなければ、組織にとっては有益でありません。組織にとって有益なこととは、組織が目標達成に近づくことであり、それは与えられた機能を果たすことです。

「そんなことを言ったら、言われたことしかできない、考えない人間が育つじゃないか」と、管理者や社長からよく言われます。しかし、そんなことはありません。評価者の求めることをどうやって達成するかを考え、実行するのは、一人ひとりのメンバーの役割だからです。

そして、評価者の求めることを達成することに集中し、取り組んでいると、評価者が思いもつかなかったようなプラスαを部下が実行するようになります。評価者がイメージできていなかったような、しかし求めることの延長線上にある、組織にとって有益なことを部下が思いつき、実行するようになるのです。

これは、部下が評価者の求めることの本質を理解した瞬間です。評価者の求めることを求め続けるからこそ、部下は評価者の求めることの本質を理解し、評価者が思いもつかなかったようなプラスαができるようになるのです。

「自分なりによいこと」では、評価が得られない

ところが、「個々の能力を最大限発揮するために、自分がよいと思うことを積極的に提案し、実行してくれ」というリーダーのもとでは、部下は自分なりによいと思うことを実行します。そのため、評価者の求めることの優先順位は下がります。評価者の求めること

とはかけ離れたところで、プラスαを発揮するようになるのです。

もちろん、このプラスαはよい評価を得続けることはありません。組織の目標達成に寄与しないからです。「何でもよいから、新しいことをやる」を制度上、評価対象にしてしまっている組織では、一時的によい評価が下される可能性はありますが、「新しいことをやる」という機会だけを評価しても、その状態を維持し続けることはできません。機会に対する評価は文字どおりその機会に限った評価であり、維持・蓄積されることはないのです。そのため、プラスαを発揮した部下は不満をもつようになります。

「なぜ、こんなに新しいことを積極的に提案しているのに、よい評価をもらえないんだ。会社が悪い」

これほど不幸なことはありません。上司の指示に従い、自分なりに組織にとってよいと思うプラスαを必死で考え、実行しているのに、評価が上がらないのです。

この意識上のギャップが、離職の大きな原因になります。いろいろなことにチャレンジする成長意欲の高い人間ほど陥りやすい状態なので、この離職は会社にとってのマイナスが大きいでしょう。

社長、管理者がやらなければいけないことは、評価者の求めることを明確に示し、それだけを求めることです。それ以外は評価に値しないと明確に示すのです。このことを部下がしっかりと理解しないと、成長していくうえで、最ももってはいけない思考をもってしまいます。それは、「自己評価」の思考です。

自己評価する思考を部下にもたせてはいけない

先ほど例にあげた、「求められていないプラスαを実行して、よい評価を得られずに離職していく人間」も、自己評価と実際の評価のギャップに不満をもってしまうのが要因です。

どれだけ自己評価が高くても、それは社会的にはまったく価値がありません。当然ですが、自己評価が高いことによって、何か対価を得ることは絶対にできません。

自己評価の思考を強くもってしまうと、この当たり前の事実を誤解することになります。まったく価値のない自己評価と、他者からの評価にギャップがあるとき、人は不満をもってしまうのです。

そもそも評価とは他者からされるものです。人は自分が評価者に回るときは、相手の自己評価などいっさい考慮に入れません。たとえば、一消費者として初めての飲食店に行ったときに、「これまでの料理人生活でいちばん自信のある料理です」と、店主に料理を出されたとします。しかし、その料理が美味しくなかったら、店主の「自己評価」には関係なく美味しくないと評価し、次からその飲食店に行く可能性はかなり低くなるでしょう。

ところが、なぜか自分が評価される側に回ると、自分の自己評価が評価者にも何かしらの影響を与えることができると錯覚してしまうのです。

自己評価の思考をもつというのは本当に危険なことです。なぜなら、正しい方向に成長できないからです。

成長とは、「できなかったことができるようになる」こと。いま、自分は何が足りないのか、何ができないのかを正しく認識し、初めて正しい方向に成長できるのです。

そして、このときの「何が足りないのか」は、評価者の求めることに対する不足でなければいけません。自己評価の思考をもつと、何が足りないのかが「自分の求めること」に対する不足になってしまいます。

これでは、その不足を埋めたところで、評価者の求めることに近づく可能性はかなり低くなります。つまり、組織内で評価を得ることができる、正しい方向に近づくことがむずかしくなるのです。

また、多くの場合、自己評価では何が足りないのかを発見しようとさえしません。自分で評価基準を決めるので、いまの状態に満足してしまうのです。これでは成長できるはずがありません。

私の知る人で、「このところ評価が低迷している人」「会社の成長についていけなくなった創業期のメンバー」などがいます。その共通の特徴は、自己評価の思考が強いということです。他者評価という事実から目を背け、自己評価という何の価値もない基準でみずからを評価している人は、やはり、成長できないのです。こういう方々に、

「評価は他の人がするんですよ」

という言葉をかけると、皆さんハッとした顔をされます。この当たり前の事実を忘れていたことに、愕然とした表情をされることもありました。

自己評価は「糧を得る力」を萎えさせる

こういった自己評価の思考が強い人、自己評価でなんとかなるという錯覚をもった人ができ上がってしまうのは、なぜでしょうか。その責任の大半は、評価する側の人間にあります。

なぜなら、過去に曖昧な評価基準で評価されたり、明確な評価制度もないまま日々をすごしたりした経験があると、自己評価が成立するような錯覚を起こしてしまうからです。その状態を放置し続けた、評価する立場の社長や管理者の罪は大きいものがあります。

マネジャーの役割は重要です。どうすれば部下がよい評価を獲得できるのかを明確にしなければなりません。そうしなければ、部下に全力で「ムダな努力をさせる可能性」があります。そして、自己評価の思考をもたせてしまうことになるのです。

自己評価の思考は、「糧を得る力」をどんどん減少させていきます。なぜなら、他者の評価こそが対価を生み、会社の売上や給料という糧になるからです。

この対応が正しい！

どれだけ革新的なアイデアでも、必死で努力したことも、「評価者の求めること」とずれていたら、評価対象にならない、と徹底して伝えています。会社もお客さまの評価を得ることができなければ、どんなサービスでも、社長の「自己評価による自己満足」で終わってしまいますから。

すごい経歴の中途採用者の特別扱いをやめる

02

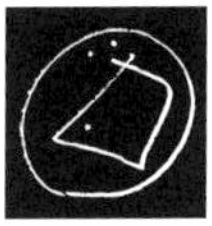

よくある誤解

来月から、業界首位の会社で企画部の責任者をしていた人が入社してくるんですよ。実力者なので、何を任せるかも意見をもらいながら決めようと思っています。

今度、中途で入ってくる社員の人には期待しています。違和感を感じたら、合わせようとせずに、どんどん「おかしいと言ってくれ」と伝えています。

経歴のある中途採用者に求めることと、会社が本来求めることは違う

「他社でも実績を残していた人なら、ある程度任せておけば、自社でもよい成果を出してくれるだろう。そして、会社の世間とずれているところを指摘してもらうことで、会社としても成長できる」

よほどの実力者でない限り、自社ではこれまで採用したことのないような経歴をもった人物をこのスタンスで採用したら、必ず失敗します。多くの会社で失敗を見てきましたし、多くの会社で失敗を未然に防いできました。なぜ、失敗するのでしょうか。

まず一つの失敗の要因は、採用すること自体が目的化する可能性があるからです。このような場合の中途採用では、その人材が保有する経験を評価して採用しているはずです。保有する経験があるということは、「何ができるか」が明確で、それが会社の業績拡大に寄与するという期待から採用をしているのです。

しかし、自社ではこれまで採用したことがないような経歴をもつ人物に対しては、採用する側の社長や管理者がその経験を吟味できずに、どのように会社の業績拡大に寄与してもらうかをイメージできないまま、採用してしまうことがあります。「すごい経歴がある人だから、うちに来てくれたら、会社はきっとよくなる」と正体不明の期待を抱いてしま

うのです。
しかし大切なのは、当然ですが、採用したあとに「会社の業績拡大にどのように寄与してもらうか」です。

本来は、会社が求めることをあらかじめ明確にして、それを実行してもらうことで業績拡大に寄与してもらわなければいけません。しかし、採用すること自体が目的化してしまうと、その人がもつ経験や能力に対して、会社の求めることを合わせてしまいます。

ところが、当然ながら採用した人間に合わせてつくった「求めること」は、本来の会社の業績拡大にとって必要なこととは異なります。すると、期待を込めて採用したすごい経歴の中途社員は、会社の業績拡大に貢献できません。そして、社長はこのように言います。

「あいつ、期待はずれだったな。高い給料だけとりやがって」

これは、圧倒的に採用する側に非があります。保有する豊富な経験に期待して採用するのであれば、その経験を活用して、どのような結果を求めるのかを事前に明確に伝えなければいけません。経験に期待して採用しているわけではなく、経験があるからこそ高い確率で実現できるであろう「結果」に期待して、採用をしているのですから。

すごい経歴の人間であればあるほど、会社側が求める結果を採用のタイミングで明確にして、その結果を約束してもらわなければいけません。いくら経験があったとしても、約束ができないのであれば、その経験はまったく意味がありません。ひょっとしたら、すごい会社のすごいチームの一員というだけで、その人はまったくすごくないかもしれません。ひょっとしたら、すごい経歴は、自社ではまったく活用できない経験なのかもしれません。お互いが不幸にならないためにも、求める結果を細かく明確にして、約束をするようにするのです。

また、採用時にしっかりと約束をしてもらうことで、その人の覚悟も見ることができます。「これまでの会社と比較するとレベルも低いから、チヤホヤされて、ある程度好きにできそう」などという感覚で入社されては、たまったものではありません。

その社員は評論家のポジションであり続ける

もう一つの失敗の要因は、「評論家のポジションをとり続ける」ということです。

本来、組織の一員になった以上は組織のルールに合わせることが求められます。そのうえで、何か問題や改善すべき点を発見すれば報告します。そして、然るべき責任者が改善すべきだと判断し、改善提案を求められたときに、初めて具体策を提案すればよいのです。

何か問題や改善すべき点があり、自分なりに判断したとしても、それは組織のルールを守らなくてもよい理由にはなりません。しかし、例にあげたような誤解をしている社長は、組織のルールに合わせなくてもよいと言ってしまいます。組織のルールに合わせないということは、組織の一員ではありません。外部から組織を見る評論家です。

「これまでのわが社にはなかった成長を実現するためのエッセンスを注いでほしい。そのためだったら、現在のルールを変更してもかまわない」

そんな気持ちで、社長はその発言をしたのでしょう。しかし、評論家には会社をよくしていくための重要な要素がありません。それは、「責任」です。

責任なき権限行使。これほど居心地のよい状態はありません。会社の問題点だと自分なりに思う点を指摘する権限はもっているけれど、その問題点を改善することや改善したあとに本当に会社がよくなるのかについては、責任がない状態です。何も責任がない状態で権限を行使し、社長からは「なるほど、ごもっともな指摘だな」と言われ、自分の存在意義を確認できる環境に、その中途社員はいることになるのです。

社長は一定期間、その中途社員に満足するでしょう。なぜなら、「組織のルールに合わせなくてよいから、いまの組織の状態を評論してくれ」という社長が決めたルールには従っているのですから。

しかし、他の組織のメンバーは、その社員を組織の一員と認識するのはむずかしいでしょう。組織のルールは守らず、責任がない部分にまで口を出し、権限を行使してくるのでは、迷惑な存在以外の何者でもありません。

一定期間が経過すると、実をともなわない評論家発言を繰り返すことに対して、そのことを要求したはずの社長も不満をもつようになります。そして、社長は次のような発言をするでしょう。

「うちの会社に評論家はいらない。前の会社ではそれでもよかったのかもしれないけど、うちみたいなまだ成長段階の会社は、実行力がないと厳しい」

どれだけ大きな会社から入社してきた人であっても、まずは会社のルールに従わせなければいけません。そうしなければ、本人も組織の一員という認識をもてず、ずっと外側から会社を見ているスタンスをとり続け、他のメンバーも組織の一員だと認識することはないのです。

そして、会社の問題点を指摘し、改善する権限を与えるのであれば、必ず同時に責任も付帯しなければなりません。いま、まさに起きている会社にとって重要な問題を解決するのは簡単ではありません。責任のない人間が評論家的にコメントして解決するような問題は大した問題ではありません。本気で改善を進めることができるのは、その事柄に対して責任をもっている人だけです。

責任をもって改善を一つずつ実行していくことでしか、中途社員が他のメンバーから信頼を獲得できる方法はありません。社長の要望で、会社を評論し続け、メンバーのなかで浮いていき、最後に社長にハシゴをはずされることになってしまっては、全員が不幸になるのです。

この対応が正しい！

前の会社でどれだけ活躍していた人であっても、いつまでに、何をしてほしいということは明確に伝えるようにしています。ふわっとした感じで、何でもやってくれというスタートでは、お互い不幸になりますからね。

03

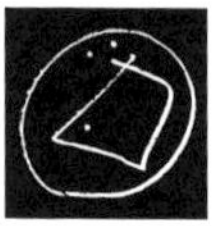

新卒社員を温かく見守ることをやめる

よくある誤解

せっかく苦労して採用した新入社員なので、社員には「大事に育てるように」と言っています。本人にも「何か困ったことがあれば、社長の僕に何でも言ってきなさい」と伝えています。

新卒社員が困っていることがないか、こちらから発見してあげることが先輩社員の役割でしょう。右も左もわからないんだから。

新卒社員にある二つの誤解

「数ある会社から自社を選んでくれた新入社員。会社の成長とともに入社してくる人のレベルも上がっている。とにかく大事に育て、いまの社員をどんどん抜いてくれることが、会社の成長に不可欠である」

新卒で入ってくるような若いメンバーが競争を勝ち抜き、古くからいるメンバーを追い抜き、成長していくことは、会社が成長をしていくうえで欠かせません。しかし、「大事にする」ということと「甘くする」ということは違います。「大事にする」ということと「事実を正しく教えない」ということも違います。

新卒社員は、大きく次の二つの事実を誤解して入社してくるケースが多いものです。そして、この二つの勘違いを受け入れる会社が、新卒社員を助長させてしまい、結果的に新卒社員は現実とのギャップに苦しむのです。

①入社した瞬間に、会社を評価する立場から会社から評価される立場に変わる

日本の大卒者の採用活動は、ほぼ同時期に各社でスタートします。もちろん景気によって左右される面もありますが、とくに昨今の就職活動は売り手市場であり、企業が学生を

奪い合う図式になっています。

売り手市場で多くの会社から内定を獲得した学生は、どの会社がよいかを評価します。多くの要素を比較し、いちばん評価が高いところに入社を決めるのです。

また、就職活動をする前に、一人ひとりの学生は一消費者でもあります。消費者は、サービスを提供する会社を評価する立場にあります。ですから学生は、業種にもよりますが、一消費者として会社を評価するという視点をもって入社してくるのです。


ところが、就職活動生として、また消費者として会社を評価してきた新卒社員は、入社した瞬間に会社から評価される立場に変わります。会社からの評価を獲得できなければ、昇進することも、給料が増えることもない立場に変わるのです。

会社を評価するような立場をとるだけの人間は、会社の成長に寄与していない以上、評価されることはないのが現実です。

会社に入社した瞬間に会社の一部となるのですから、所属する会社と個人の評価は連動します。つまり、会社を評価することは、自分を評価しているのと同じことになるのです。

しかし、それはできません。新卒社員にできることは、会社に対する世の中の評価が上がるように自分の役割を果たすことと、自分に対する会社からの評価が上がるように取り組むことだけです。

ところが、そこで、

「何かおかしいと思うことがあったら、社長である私に直接言いなさい」

「入ったばかりの若い目で見て、違和感があったらどんどん上長に提案しなさい」

などと、社長や管理者が発言すると、どうなるでしょうか。会社を評価する立場であるという誤解が解けるどころか、強化されてしまいます。そして、

「社長に言っても何も変わらない。本当にダメな会社だ」

「他の会社だったら絶対に採用されるはずの提案なのに、うちは遅い」

と、会社を評価し続け、そのうちに不満を抱いて辞めていくのです。

まず初めに、新卒社員には、「評価する立場から、評価される立場に変わった」ということをしっかりと教えてあげなければいけません。このことを誤解したままだと、彼らの成長に大きなマイナスの影響を与えてしまいます。

評価する立場のまま辞めていってしまった社員は、この誤解が解けるまではどの会社に行っても評価されることはありません。社会の戦力とならないわけですから、初めて入っ

た会社の上司の責任は重大です。

②学びを提供してもらえる立場から、学びを獲得しにいかなければいけない立場に変わる

学生は、費用を払って学びます。学校はその費用に対してサービスを提供する立場です。しかし、社会人になれば、対価を受け取って働きます。そうなると、対価を得続けるため、得る対価を増やすため、会社から評価を獲得しなければいけません。

会社は誰がいちばん対価に見合う働きをしたか、誰がいちばん会社の成長に貢献したかを評価します。そして、誰を優先的に「教える」かも会社や上司が決定します。「誰を教えれば、会社の成長に貢献できそうか」という基準で判断するのです。

つまり、学生の頃のように、誰でも平等に「学びの機会」が提供される環境ではないのです。とくに、競争に負けている人間は、学びを積極的に獲得しにいかなければ、勝っている人間との差は開くばかりです。なぜなら、教える側も教えて効果のあるほうを優先的に教えたいからです。

この部分を誤解している新入社員に関して、社長や管理者が、

「困っていることがないか、こちらから発見してあげることが先輩社員の役割でしょう。右も左もわからないのだから」

などと発言するとどうなるでしょうか。新入社員は学生の頃と同様に、学びは平等に提供されるものだと誤解するのです。学びが平等に提供されるのは、入社後数週間の座学の「新入社員研修」だけだと認識させなければいけません。そう認識できなければ、「うちの上司は何も教えてくれない。成績のいい奴ばっかりに教えて……」「この会社の教育体制は悪い。他社はもっとていねいに教えてくれるらしい」と、学びが提供されない環境に不満を抱いて辞めていくのです。

新卒社員の誤解をすみやかに解くのが本当のやさしさ

社会人になれば、「学びは獲得しにいくものである」ということを教えてあげなければいけません。積極的に学びを獲得しにいける人は成長します。教える側も積極的に教えたくなるからです。ただ、「学びを待っている人」には誰も教えてくれません。そして、学びを獲得しにいった人と比べると、圧倒的に成長スピードで劣ることになるでしょう。

新卒社員というのは、大きな誤解をして入社をしてくるものです。彼らをやさしく受け入れるということは、彼らの未来に対してはまったくやさしくありません。現実は、彼らの誤解とは違うように進行していくのです。

いち早く誤解を解き、現実を理解させることが本当のやさしさです。現実を理解させ、しっかりと上司からの評価を得ることができる、みずから積極的に学ぶ社員に育成しなければいけません。

この対応が正しい！

新入社員の勘違いをいち早く解いてあげるのが、本当のやさしさだと思っています。いままで学生だったんだから、勘違いがあって当然ですよね。勘違いしたまま辞めていく社員だけは、絶対につくらないようにしたいですね。

04

部下を納得させようとするのをやめる

よくある誤解

部下に行動をさせる前に、「しっかりと腹落ちさせることが重要である」と言っています。やっぱり、納得しないと力を発揮しませんからね。

自己啓発系の研修は積極的に会社でも導入しています。社員も「よい話が聞けた」と、満足度が高いですからね。

人は経験があってこそ変われる存在

「どうして、いま、この業務に取り組まないといけないのかを、部下がしっかりと納得するまで話をすること。そして、いろいろな人の話を聞いてがんばろうと思えるような環境を用意することで、部下は力を発揮する」

これまでの人生を振り返って、自分自身が「変わった」と思える瞬間を思い出してください。また、学校の先生や部活のコーチ、そして上司の言っていることが、そのときはよくわからなかったのに、「わかった」と気づいた瞬間を思い出してください。

その共通点は、「何かを経験したとき」であるはずです。本質的に物事を理解し、それによってみずからが変わるまでになるには、必ず「何かしらの経験」が必要になります。

冒頭のように、納得するまで話をたくさん聞いたとしても、研修中にたくさん涙を流したとしても、上司が長い時間をかけて説得したとしても、それだけでは本質的に物事を理解し、みずからが変わるということはできません。

もちろん、研修の講師や上司から聞いた話が、これまでの自分の経験と合致すれば、そこで本質的な理解と変化が訪れることはあります。しかし、順番はどうあれ、経験が必須なのです。

上司は、部下に何か新しい取り組みをさせるときに、冒頭のように「なぜ、いまこの新しいことに取り組まなければいけないか」を部下が納得するまで話をしようとします。これまでのやり方に適応したい部下の考え方を、必死で変えようとするのです。

しかし、部下は変わるどころか、最後は「上司がそこまで言うのだから、がんばってあげよう」くらいのおざなりなスタンスで業務に取り組むようになります。

経験をしたことのない部下に、「なぜこの新しい業務が必要で、この業務に取り組めば成長できる」ということを本質的に理解させ、考え方を変えさせることは不可能です。業務に取り組む意味を理解してからでないと、前に進めないという言い訳は通用しません。なぜなら、理解できるはずがないからです。

上司は、部下が業務に取り組む意味を理解できていなくても、強制的にでも経験させなければいけません。それが、理解させる唯一の方法です。理解できるはずもない部下に対して、経験させる前に納得や腹落ちを求めるのは時間のムダです。

上司は部下を迷わせるな！

部下に業務に取り組む意味を理解させる必要はありません。しかし、上司が気をつけなければいけないのは、部下を迷わせてはいけないということです。

「おまえにはわからないだろうけど、いいからやれ」

このこと自体は間違いではありません。しかし部下が、求められる結果を理解できていなかったり、求められるゴールが遠すぎて迷ってしまったりする状況で、

「いいからやれ」

では、経験する前に迷ってしまい、理解する前に混乱してしまいます。めざすべきゴールを明確に設定し、それがいまの部下にとって遠すぎるのであれば、手前のゴールを設定します。そのうえで、

「いいからやれ」

と言うのです。そして、ゴールを迎えたら、「できた・できない」を明確に評価します。それが部下の経験となるのです。その経験を繰り返すなかで、部下は本質を理解し、変化し、成長していくのです。

上司が与える知識や研修によって得られる知識というのは、使い方によっては貴重な財産となります。しかし、上司からよい話を聞いただけ、研修に参加しただけで、

「俺、変わった。明日からもっとがんばろう」

と感じるのは部下自身の錯覚です。皆さんも、そんな「俺、変わった」が長続きしない社員をたくさん見てきたでしょう。

大切なのは、どんな知識でも、まず「やってみる」、まず経験することです。経験しないことには、その知識の本質を理解できません。ですから、上司は多少、部下が納得いかなそうな顔をしていても、いっさい気にせずに経験を強制する必要があるのです。それ以外に、部下を変化、成長させていく方法はありません。

この対応が正しい！

管理者には「部下の納得をとりにいくな」と言っています。「まず、どんなことでもやらせてみる。そして、それを評価するということを繰り返しなさい」と。それ以外に、部下を成長させる方法はないと思います。

05

社員にモチベーションを与えようとするのをやめる

よくある誤解

社員のモチベーションと業績の連動性を感じます。できる限り、モチベーションを与えるようにしたいですね。

上司には「憧れの存在になるように、いい服を着て、いい時計をしろ」って言っています。そうしたら、部下のモチベーションにもなるじゃないですか。

「モチベーション＝動機づけ」は社長や上司が与えるものではない

「とにかく組織運営の中心にモチベーションを置く。会社は社員のモチベーションが上がるような制度をつくり、上司は部下が将来をイメージしてモチベーションが上がるような立ち振る舞いをする。そうすれば業績が上がる」

モチベーションをこのように受けとめてはいませんか？　モチベーションとは「動機づけ」という意味です。そもそも、これまでの人生経験のなかで、他の誰かに動機をつけてもらったことがあるでしょうか。

「部長の給料になったら、これだけいい時計が買えるんだよ。君もこのような時計がほしいだろ。だから、がんばれ」

これで、「部長のような時計を買う」ことが動機になって、さらにがんばろうと奮起する人はかなり限定されるでしょう。それが動機になり続けることも、ほぼないと言えます。

モチベーションは物事を継続していくなかで、成長していく過程で、自己設定、自己発生していくものです。仕事でこれまでできなかったことができるようになり、プレーヤーとして高い実績を残せるようになり、多くのボーナスを獲得できるようになって、

「よし、誰よりも早く課長になろう」

「2年以内にあの車を買おう」

といったモチベーションを自己設定するようになるのです。

モチベーションはスタートする前や、成長を認識する前に発生することはありません。そして、人から与えられるものでもありません。

では、社長や管理者は何をしなければいけないのでしょうか。それは「正しいモチベーションが発生するまで、厳しく管理すること」です。正しいモチベーションが発生する前にあきらめ、厳しく管理して成長させることをせずにモチベーションを与えようとするから、正しいモチベーションが発生しないのです。

モチベーションは与えるものではありません。モチベーションは自己設定、自己発生するもので、上司ができることは、ただ一つ、部下を厳しく管理し、成長させること。その先に、部下が勝手に「モチベーション」を設定するのです。

「モチベーション＝やる気」だとしても同じこと

「やっぱり、みんなで楽しく仕事したほうがモチベーションが上がるよね。気持ちよく仕事するのが、いちばん生産性が高いよね」

こちらのケースでは、そもそもモチベーション＝動機づけという意味で使われていません。モチベーション＝やる気という意味で使われています。辞書には、第二の意味として「やる気」とも記載されています。「やる気」だとしても、モチベーションは与えるものではないということを解説しておきましょう。

「モチベーションが上がる＝やる気が上がる＝気持ちよく働くことができる＝ストレスなく働くことができる」

やる気のモチベーションは、このような意味合いで使われていることが多いようです。

では、「ストレスなく働くことができる」とはどういうことでしょうか。

「ストレスなし＝成長なし」です。成長するには、いま、できないことにチャレンジしなければいけません。できないことにチャレンジするのですから、失敗することもあるでしょう。なかなかできるようにならないこともあるはずです。そこには、必ずストレスが存在します。成長するためには、ストレスが必ず存在するのです。

たしかに、ムダなストレスも組織内には存在します。それは、人間関係のストレスです。お互いの意見の相違や誤解、錯覚によるストレスです。これは、然るべきリーダーがしっかりとルールを設定し、解消していかなければなりません。

しかし、成長のためのストレスか、人間関係によるストレスかを部下に見極める力はありません。だからこそ、上司が厳しく指導したときに人間関係のストレスだと判断し、「モチベーションが上がりません」などと言うようになるのです。

「やる気」として使われているモチベーションも気にする必要はありません。「成長のために必要なストレスからも逃げてよいのだ」と部下が勘違いするからです。社長や管理者は、ルールが曖昧なことにより発生する人間関係のストレスには注意しながら、部下の成長に責任をもち、モチベーションを気にせず、部下に必要なストレスをかけ続けなければいけません。

この対応が正しい！

昔は、部下のモチベーションを気にしていました。でも、それによって私も部下も不幸になっていたのだと理解しました。いまは、モチベーションの調査みたいなのも含めて、いっさいやらないようにしています。

Chapter 6

社長は部下と二次会に行ってはいけない！

伸び続ける会社の社長の行動ルール

01

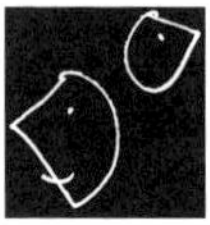

社長が社員と同じ場所で働くのをやめる

よくある誤解

社長は営業・製造の現場に出ていってこそ、ですよ。若い人の情報を吸収し、陣頭指揮をとることが何より大事ですね。

できるだけ社長室を出て、執務室で多くの社員とコミュニケーションをとるよう心がけています。その中から、思わぬヒントが見えてくるものです。

社員と一緒の場で執務することの三つの弊害

社長が社長室におらず、社員がいる執務スペースで社員と一緒に仕事をするということは、百害あって一利なしです。その主な理由は三つあります。

①いろいろなことが気になり、プロセスに口を出してしまう

前述したことですが、社長が社員と同じ場所で働くようになると、部下は考えなくなってしまいます。そして、社長が言ったとおりにやれば、うまくいかなくても怒られないので、部下に格好の言い訳のネタを与えてしまうことになります。

②間の役職者の機能が停止する

社長が、スタッフとの間の役職者を一つ二つ飛ばして現場に指示を出すようになると、間の役職者の機能が停止します。社員は社長だけを見るようになり、間の役職者の言うことを聞かなくなります。そして、「社長がどうせ直接やるんだろ」と責任感がなくなります。

間の役職者が部下に対して、しっかりとマネジメントを効かせるために必要なことは、「組織の奥行き」です。上司の遠い奥には社長がいて、社長と僕たちは簡単に会えないけ

ど、上司は頻繁に会っているとなると、部下は上司の言うことを聞くようになるのです。

③ルールが変更可能なものという認識ができる

社長が決定するルールは、会社のすべてのルールの基礎となります。その最終ルールの決定者が、末端の社員から直接意見を吸い上げ、簡単にルールを変更するということになると、「うちのルールは簡単に変更可能なものだ」と認識するようになります。

これでは、社長の下の責任者が決定するルールについては、守ることより自分たちが有利なほうに変更させることに思考がいくようになり、ルールがルールとして機能しなくなるのです。

弊害を乗り越え、決定したルールの遂行に徹する

社長が社員と一緒の場で執務する弊害は、大きくはこの三つで、ほかにも細かいことをあげればきりがありません。

社長室から出て社員の執務スペースに出ていけば、「社長、社長」とチヤホヤされて、気をよくするのかもしれません。そうではなく、業務が心配で、居ても立ってもいられなかったりするのかもしれません。

それでも、これだけの悪影響があることを理解して、
「社長は社長室にこもりなさい」
とお伝えしておきます。

この対応が正しい！

マネジメントには〝奥行き〟が大事であると思います。社長・管理者・スタッフがそれぞれの役割と責任を理解して仕事をすべき。社長はむやみに社員の働く場に出ていかないことが大切ですね。

02

社長が部下と飲みに行くのをやめる

よくある誤解

腹を割って、とことん付き合ってこその社長ですよ。それが、新人からベテランまでの信頼を得る近道です。

「きょうの飲み会は、社長の本音が聞けて本当によかった」。そう言われると、社長冥利につきます。公私の区別なく社員とは同じ釜の飯を食ってきた、そういう存在になりたいですね。

部下と飲みに行くときは、その部下の直属の上司も一緒に

この項も、前項の「社長は社長室にこもりなさい」と、やってはいけない理由はほぼ同じです。

そもそも、社長はむやみに社員と飲みに行ってはいけません。直属の社員以外と飲みに行くときは、必ずその社員の直属の上司も連れていくべきでしょう。

そして、直属の社員以外との飲みに行くときは、何かしらの仕事上のテーマが必要です。それは、「売上目標の達成祝い」「支店進出の決起会」といったことです。

さらに、その場での社員との会話にも注意が必要です。仕事上のテーマでの飲み会であったとしても、具体的な「業務指示」は絶対にいけません。

業務に関する具体的な相談があったときも、

「それは、直属の○○課長に判断を仰ぎなさい」

と言わなければいけません。話してもよい内容は、

「最近、がんばっているらしいね」

といったような抽象的なことと、あとは会社がビジョンに向かってどのように進んでいくのか、いま進んでいるのかといった内容くらいでしょう。

また、その飲み会では、社長は誰よりも早くその場から帰らなければいけません。お互いに酔いが回ってきて、距離感が近づいてくることの悪影響が大きいからです。

社長と社員の距離が近づくと、その間にいる上司と部下（その社員）の距離感はもっと近づかざるを得なくなります。距離が近づけば近づくほど、翌日以降、ルールの徹底がむずかしくなってくることは、容易に想像できるでしょう。

社内のありとあらゆるルールを適正に機能させるために、社長は社員との距離感をしっかりとキープしておかなければいけないのです。

宴席での距離感が翌日以降の業務にも必ず影響を与える

二次会にも一緒に行く必要はありません。私の関わった会社で「二次会はカラオケで、社長が仕切るのが暗黙の了解」というようなところもありましたが、これでは距離感が保てるわけがありません。

社長が盛り上がりたければ、他の友人と行くようにすべきです。社長がいないほうが社員同士の懇親が深まるというのも、残念ながら事実なのです。

「プライベートに近い時間くらい、そう目くじらを立てなくてもよいでしょう」

そういう声が聞こえてきそうですが、それも厳禁です。社長の意識としては「宴席と普段は違う」と切り分けることができていたとしても、社員の頭の中はそんなに器用に切り分けることはできません。

宴席での距離感が、翌日以降の業務に必ず影響を与えることを忘れずに、

「社長は誰よりも早く飲み会から帰りなさい」

とお伝えしておきます。


この対応が正しい！

業績が伸びて社員とともに盛り上がる喜びに比べれば、社員とのカラオケで懇親を深めるなんてことはとても狭い了見でした。少し寂しいですが、飲み会からは早めに切り上げて帰ることを徹底しています。

03

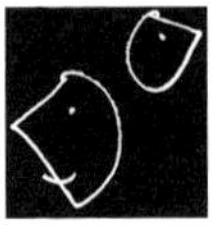

人脈をむやみに広めることをやめる

よくある誤解

社長にとって大事なのは人脈ですよ。いろいろな気づきを与えてくれる存在ですから。

各界の著名人物との交遊が、人生の大きな糧となっています。人脈の幅は、まさに私の人間としての幅なのです。

その人脈は相手にとってメリットがあるか

「○○社長と知り合いなんです」

「△△会長と食事をご一緒させていただいたんですよ」

著名な経営者などと同じ時間を過ごすことで、みずからの価値も上がると勘違いをしている社長が本当にたくさんいます。

しかし、残念ながら、著名な経営者であればあるほど人脈をシビアにとらえ、その人と付き合うメリットがなければ、付き合いを継続することはありません。忙しいなかでムダな時間をすごしたくないという感覚を、誰よりも強くもっているからです。だからこそ、会社が成長し、著名な経営者となっているのです。

人脈を増やすこと自体を否定はしません。しかし、ただ、人脈を増やすだけではまったく意味がありません。みずからも一人の人間として、経営者として成長したうえでいろいろな人に会わないと、その人脈を継続していくことはむずかしいでしょう。なぜなら、相手側にあなたと付き合い続けるメリットがないからです。

「○○さんと知り合いです」と言って自分の価値を高めようとするようでは、「その人には価値がない」とすぐに見抜かれてしまいます。

なかには、知り合いと知り合いをつなぐことで、みずからの価値を高めようとする社長もいます。

つないでいる数が増えている間は、その媒介者にも価値があるのかもしれません。実際に、重宝がられることもあります。しかし、つなぎ終わってからは、媒介者にはなんの価値もなくなってしまいます。

社長として本当の成長をめざす

そして、積極的に多くの経営者と会う社長は、次のような錯覚を起こします。

そのとき、そのときで成功している経営者と交流する機会が増えてくると、自社の業績はそれほどでもないのに、自分も成功していると勘違いをしてしまうのです。そして、他の社長が成し遂げたことなのに、「こういう場合は、こうすればうまくいくんだよ」と、さも自分の経験から得たことのように社員に話しだします。

実際は、成功するためにまだまだがんばらないといけないのに、成功者と同じように遊び、マネをして、部下にしたアドバイスはずれてしまうのです。

よりレベルの高い経営者と会って学ぶこと、多くの経営者に会って自社のビジネス拡大の足がかりを探すことは重要です。しかし、そこにみずからの成長がともなっていなければ、ムダな時間に終わるばかりか、みずからを勘違いさせ、会社の成長にとってマイナスになることを忘れてはいけません。

だからこそ、社長はむやみに人脈を増やしてはいけないのです。

この対応が正しい！

社長室に飾ってある著名な経営者と握手している写真、外しました。いまは、その著名経営者から学んだことを活かし、握手を交わすにふさわしい経営者になろうと精進しています。

04

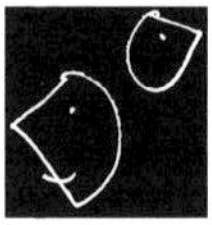

必要以上に勉強して頭でっかちになるのをやめる

よくある誤解

理論派であることも社長の重要な要素。交渉ごとで負けていたら、話になりませんしね。

経営については社員にアレコレと言われたくはありません。だからこそ、社員の誰よりも勉強するのです。

知っているだけでは、否定する材料にしか使えない

たまに、私の言っていることに対して次のように語る経営者と遭遇します。

「これは、〇〇先生が提唱している〇〇理論で言うと、どういうことですか？」

「〇〇論の観点で言うと、ちょっと違うような気がします」

概ねこういう社長は思考することに時間を使いすぎて、動き出しがとても遅くなります。そして、動き出しが遅いことが業績拡大の足かせになっているのです。

こういう質問がきたら、私は、

「いま私が言っていることが間違っていると言うのであれば、具体的な事例にもとづいて話をしてもらっていいですか」

すると、

「〇〇教授の〇〇理論では……」

「いや、ですから、具体的な事例でお答えください」

「……」

となるのです。何かを「知っている」だけでは何も価値がありません。価値がないどころか、この社長のように、ただ、何かを否定する材料にしか使えず、行動を阻害する要因

となるのです。そのため動き出しが遅くなるのです。

「できる」とは、知識が初めて価値ある状態になったということ

そして、この「知っている」だけの薄い知識に影響を受け、部下に指示が伝わっていくとどうなるでしょうか。その指示の本質は何も伝わらないままに、

「社長はこれをやったらすごく怒るらしい」

「社長がこれだけはやってはいけないと言っていた」

などと、前提を抜きにした禁止事項だけが伝わり、部下の行動を制限だけはするようになってしまうのです。

「知っている」と「できる」は違います。知っている事柄だけが増えると、社長自身の動きが鈍くなるばかりか、会社全体が混乱することになるのです。

知っている知識は、まず使ってみる。そして、使えなければ捨てればいいのです。使えたということは、できるようになったということ。それは「知識が初めて価値ある状態になった」ということです。

勉強してたくさんのことを知っているだけでは価値がありません。それを使えないと、

まったく意味がないのです。だからこそ、「社長はたくさん勉強すればよいというものではない」ということを肝に銘じていただきたいです。

この対応が正しい！

本から得た知識も、人から聞いた知識も、「使えてこそ」ですね。私は実際にやってみてうまくできるようであれば、その知識を自社なりにブラッシュアップして、社員に浸透させるように心がけています。

05

社員全員から愛される「よい社長」をやめる

よくある誤解

「社長は孤独な存在」なんて、ウソですよ。社長もアルバイトも一緒に、一丸となって取り組むのを信条としています。

社員の信頼を得るには、社長は孤独であってはならないと考えています。社交性も社長の重要な要素ですから。

社長は、目標を達成しようと思うほど孤独な存在に

・現場に近ければいい、という間違った常識
・愛社精神は、社長がいくら唱えても育たない
・社員の発言に耳を傾ければよいというものではない
・社長は直属の部下以外と仕事の話をしてはいけない
・「やり方」に口を出しすぎると部下は思考停止する
・社長はむやみに説教してはいけない
・社長は社長室にこもりなさい
・社長は誰よりも早く飲み会から帰りなさい

本書にあるこれらの項目をしっかりと実行しようと思えば、社長は必ず社内で孤独になります。つまり、会社を目標達成に近づけようと思ったときには、社長は社内で孤独になるのが当たり前なのです。

社長が社内で孤独にならないということは、「会社の機能がどこかで不具合を起こしている可能性がある」ということです。

社長も一人の人間です。この孤独に耐えることができずに、社内で寂しさを埋めようと

してしまうことがあります。

「○○君、たまには飲みに行くか」

ここで社員の悩みを聞き、

「やっぱり社長に相談すれば、すべてが晴れます」

という言葉を聞いて満足し、みずからの孤独を解消してしまうのです。

これまでは、これこそが「よい社長」と思ってやっていたのですから、いたし方ないでしょう。

しかし、本書を読んでも、なお、こういった行動をするのであれば、それは違います。「よい社長」という言葉の心地よい響きにおぼれてしまった「ダメな社長」なのです。そうと認識をしてなおも部下を飲みに誘うわけですから、確信犯のダメ社長です。

会社を成長に導くか、社員を雇うことをやめるか

会社を成長に導くのが社長の最大の仕事です。そのために、社長は社内で孤独でなければなりません。

もし、その孤独が「イヤだ」と言うのであれば、いますぐ社員を雇うのをやめましょう。雇われた社員が不幸です。

もう一度言います。
「社長は社内で孤独でなければいけない」

この対応が正しい！

会社を成長させる社長は、つねに孤独な立場です。その孤独を乗り越えたところに本当の会社の成長があると信じて、これからも事業に邁進していきます。

〈著者略歴〉

安藤 広大（あんどう・こうだい）

◎―― 1979年、大阪府生まれ。1998年大阪府立北野高等学校卒業。2002年、早稲田大学卒業。

◎―― 株式会社NTTドコモを経て、2006年にジェイコムホールディングス株式会社（現：ライク株式会社）に入社。主要子会社のジェイコム株式会社（現：ライクスタッフィング株式会社）で、取締役営業副本部長などを歴任。

◎―― 2013年、「識学」と出会い独立。識学講師として、数々の企業の業績アップに寄与する。

◎―― 2015年、識学を1日でも早く社会に広めるために、株式会社識学を設立。多くの企業の業績アップに寄与し、実績が口コミ等で広がり、設立1年半でコンサルティング実績は150社を超える。本書が初の著書。

装丁 …………………………… 華本達哉（aozora）
本文デザイン・イラスト … イノウエプラス
編集協力 …………………… 菱田編集企画事務所

伸びる会社は「これ」をやらない！

2017年1月21日 第1刷発行
2024年5月20日 第9刷発行

著　者――――安藤 広大
発行者――――徳留 慶太郎
発行所――――株式会社すばる舎
〒170-0013 東京都豊島区東池袋3-9-7 東池袋織本ビル
TEL 03-3981-8651（代表） 03-3981-0767（営業部）
振替 00140-7-116563
URL http://www.subarusya.jp/

印　刷――――株式会社光邦

落丁・乱丁本はお取り替えいたします

ISBN978-4-7991-0586-3

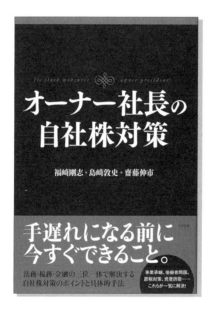